Zu diesem Buch

Bis Andrej und Jelena Illesch in den vergangenen Monaten ihre Recherchen zum Boeing-Drama in der Tageszeitung *Iswestija* veröffentlichten, war noch nicht einmal der Name des Hauptakteurs bekannt, des Piloten, der die beiden Raketen auf den koreanischen Jumbo abfeuerte. Er durfte nach seinem Einsatz ein paar wohlvorbereitete Erklärungen abgeben und wurde dann an einen weit entfernten neuen Dienstort versetzt. In diesem Buch erzählt er seine Version des Geschehens: «In der Luft».

Auch über die Suche nach den Flugzeugtrümmern gab es bislang kaum Informationen. Die Sowjets behaupteten, sie hätten das Wrack nie gefunden. Die Autoren haben die Taucher und einige Seeleute und Militärs ausfindig gemacht, die an dieser hektischen Aktion beteiligt waren. Auch sie schildern ihre Version des Geschehens: «Zu Wasser».

Viele Spuren und speziell die geheimnisvollen «schwarzen Kästen», die Flugschreiber, die in Wirklichkeit knallorange waren, führen – wie so oft im entwickelten Sozialismus – in die obersten Etagen von Partei, Geheimdienst und Armee. Bei ihren Kontaktversuchen mit diesen Herrschaften mußten die Autoren häufig unverrichteter Dinge von dannen ziehen, aber mancher stellte sich doch den Fragen: Was geschah «zu Lande» in den Monaten nach dem Debakel? Und warum dann, in der UdSSR wie in den USA, plötzlich das große Schweigen?

Zu den Autoren siehe Seite 251.

Andrej und Jelena Illesch

TODESFLUG KAL 007

So wurde der koreanische Jumbo abgeschossen. Eine Enthüllung aus der Sowjetunion

Aus dem Russischen
von Ganna-Maria Braungardt

Rowohlt

Dieser Erstausgabe liegt das russische
Originalmanuskript zugrunde.
Der Verlag dankt Renate Landa und
Thomas Reschke für ihre Mitarbeit.

Deutsche Erstausgabe
Veröffentlicht im Rowohlt Taschenbuch Verlag GmbH,
Reinbek bei Hamburg, Oktober 1991
Copyright © 1991 by Rowohlt Taschenbuch Verlag GmbH,
Reinbek bei Hamburg
Umschlaggestaltung: Barbara Hanke (Foto: Andrej Illesch)
Gesetzt aus der Aldus (Linotronic 500)
Gesamtherstellung Clausen & Bosse, Leck
Printed in Germany
1280-ISBN 3 499 19317 5

Inhalt

31. August 1983: Eine Boeing 747 der südkoreanischen Fluggesellschaft KAL, Flugnummer 007, startete um 0 Uhr 25 in New York. Ihr Ziel: Seoul. Bei der Zwischenlandung in Anchorage, Alaska, zeigte die Uhr 2.30 Ortszeit. Nach knapp 90 Minuten, 3 Uhr 59, flog sie plangemäß weiter und überquerte westlich der Aleuten die Datumsgrenze. Aus dem 31. August (Mittwoch) in den frühen Morgenstunden wurde der gerade erst beginnende 1. September (Donnerstag).

Der fünfundvierzigjährige Kapitän der Boeing, Chun Byung In, seit elf Jahren im Dienst der Korean Air Lines, war früher Pilot bei der südkoreanischen Luftwaffe. An Bord des mächtigen Jumbo-Jets befanden sich 269 Menschen – 240 Passagiere, 29 Mitglieder der Besatzung.

Unter den Passagieren aus 16 Ländern waren 23 Kinder unter 12 Jahren, 75 Koreaner, 61 Amerikaner, 23 Taiwaner, 28 Japaner, 15 Filipinos, 12 Chinesen (aus Hongkong), 10 Kanadier, 6 Thailänder.

Keiner von ihnen sollte den Boden des Seouler Flughafens Kimpo je betreten. Etwas mehr als fünf Stunden nach dem Start in Anchorage wurde das Flugzeug von einem sowjetischen Jäger abgeschossen.

Keiner der schlummernden Passagiere konnte wissen, daß sich das Flugzeug auf falschem Kurs befand, sich immer weiter von der internationalen Flugroute «Romeo-20» entfernte. Und auf diesem falschen Kurs drang die Maschine zweimal in den Luftraum der Sowjetunion ein: einmal über dem Gebiet der Halbinsel Kamtschatka, dann – und diese Grenzverletzung führte zum Abschuß – über Sachalin.

Um 6 Uhr morgens Ortszeit startete von dem Militärflugplatz Sokol (Sachalin) der Abfangjäger SU 15. Die Menschen an Bord der Boeing hatten nur noch wenige Minuten zu leben...

In Washington war es 10 Uhr 45, als am 1. September der amerikanische Außenminister George Shultz seine Pressekonferenz begann. Er beschuldigte die UdSSR der vorsätzlichen barbarischen Zerstörung einer friedlichen Passagiermaschine. Diese Erklärung kam auf die Titelseiten der Zeitungen in aller Welt und war der Beginn einer der grimmigsten Phasen des Kalten Krieges.

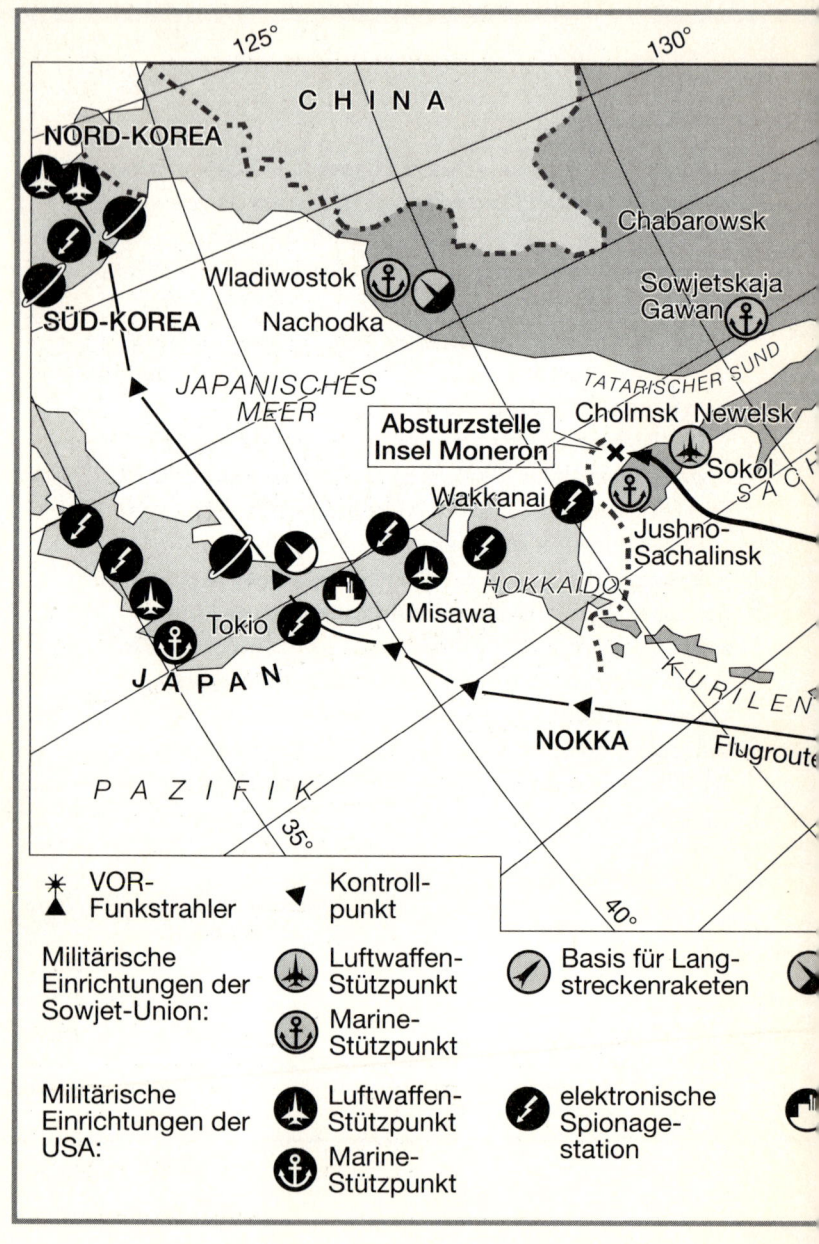

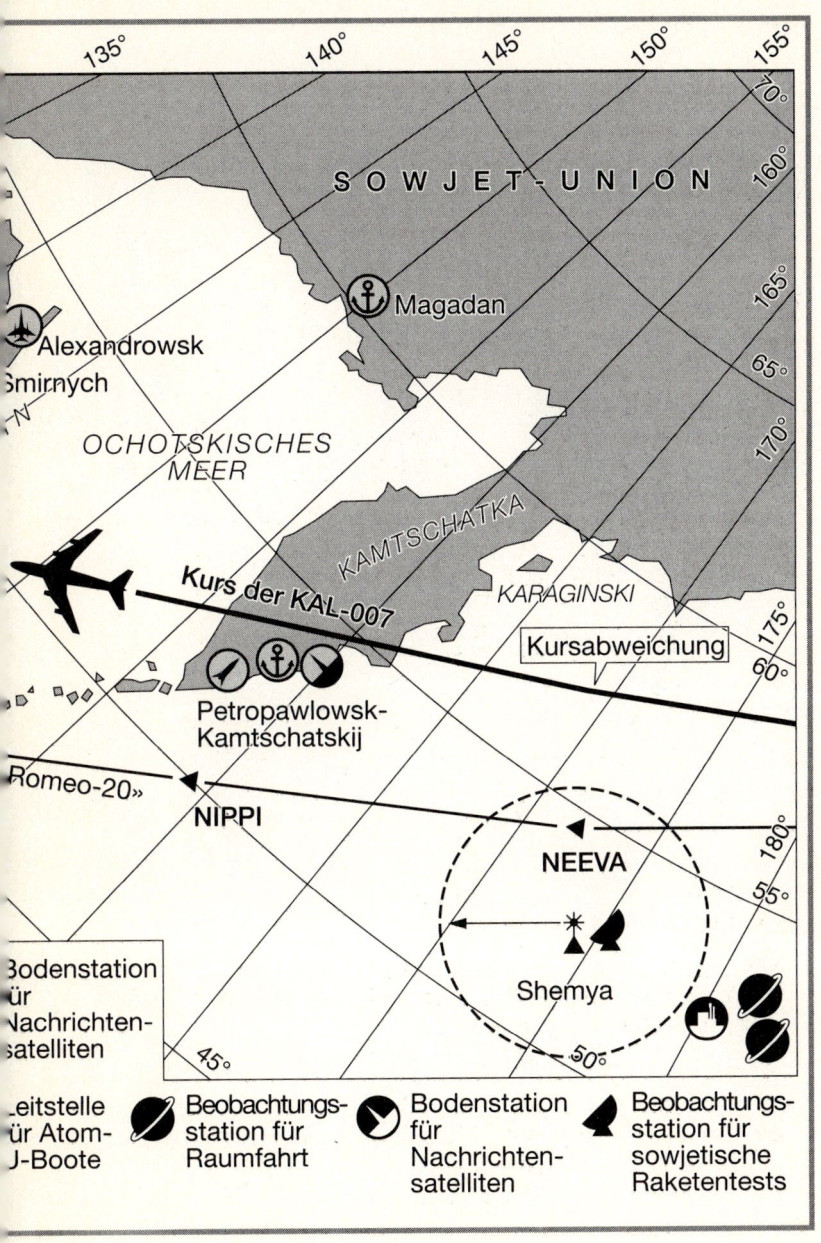

135°   140°   145°   150°   155°

70°
160°

S O W J E T - U N I O N

165°

Magadan

Alexandrowsk

65°

Smirnych

170°

*OCHOTSKISCHES
MEER*

KAMTSCHATKA

KARAGINSKI

175°

Kurs der KAL-007

Kursabweichung

60°

Petropawlowsk-
Kamtschatskij

«Romeo-20»

NIPPI

180°

NEEVA

55°

Shemya

50°

**Bodenstation
für
Nachrichten-
satelliten**

45°

Leitstelle für Atom-U-Boote	**Beobachtungsstation für Raumfahrt**	**Bodenstation für Nachrichtensatelliten**	**Beobachtungsstation für sowjetische Raketentests**

Schwierigkeiten beim Schreiben der Wahrheit

Dieses Buch ist das Ergebnis einer beispiellosen, erstmalig auf dem Territorium der UdSSR durchgeführten Untersuchung der tragischen Ereignisse im Zusammenhang mit dem Tod von 269 Menschen, den Passagieren und der Crew der koreanischen Boeing 747, die in der Nacht zum 1. September 1983 von einem sowjetischen Jäger abgeschossen wurde.

Trotz der umfangreichen Literatur, die es auf der ganzen Welt hierzu gibt, war das Thema in der UdSSR bis jetzt streng geheim. Es gab nur eine einzige, durch und durch falsche offizielle Version. Bemerkenswert ist: Die Autoren aller bisherigen Publikationen, seien es Berichte der Sensationspresse oder solide Untersuchungen, hatten keinen Zugang zum Wichtigsten. Sie konnten nicht mit den Beteiligten dieser verwirrenden und schrecklichen Geschichte sprechen. Das ist leicht zu erklären: In der Sowjetunion fiel jeder Versuch, an Informationen zu gelangen, unter offizielles Verbot, und die Protagonisten dieses düsteren Schauspiels leben nun einmal in unserem Land.

Darum ist der Leser unseres Buches im Vorteil – er wird als erster erfahren, wer die Raketen auf die Boeing 747 abgefeuert hat, wer auf den Grund des Japanischen Meeres getaucht ist, um die Flugzeugtrümmer zu bergen, wer Desinformation produziert und die ganze Welt zum Narren gehalten hat, und er wird auch den Standpunkt dieser Personen selbst kennenlernen. Außerdem wird er einzigartige Fotos und Dokumente zu sehen bekommen.

Die Untersuchung des tragischen Zwischenfalls erinnert

an ein Puzzlespiel, und einige Stücke wollen nicht zusammenpassen, andere fehlen gänzlich.

Die Schwierigkeit der wahrheitsgetreuen Darstellung dieses Ereignisses, das sich vor acht Jahren in der Luft, unter Wasser und zu Lande abgespielt hat, besteht darin, daß viele Teile des zu rekonstruierenden Bildes in verschiedenen Händen über verschiedene Länder verstreut sind, vor allem die USA, Japan und Südkorea. Vieles von dem, worüber Experten in diesen Ländern verfügen, ist schon in zahlreichen Büchern und Spezialuntersuchungen zum Absturz der KAL 007 veröffentlicht worden. Der Teil der Informationen, über den die sowjetische Seite verfügt, war der Öffentlichkeit in unserem Land und in der ganzen Welt unzugänglich. Mit diesem Buch wollen wir versuchen, das russische Geheimnis des Absturzes der Passagiermaschine, soweit es heute möglich ist, zu lüften. Ohne umfassende Recherchen in der Sowjetunion kann es kein vollständiges Bild des Geschehens geben.

Unsere journalistische Untersuchung, die dem Buch zugrunde liegt, will nicht mit wissenschaftlichen Arbeiten über die KAL 007 konkurrieren. Es wurden zahlreiche Computersimulationen, Berechnungen und komplizierte Experimente durchgeführt. Doch wie nützlich diese speziellen Untersuchungen auch sind, ebenso wichtig ist die Rekonstruktion der menschlichen Zusammenhänge, das Auffinden von Beteiligten und Augenzeugen. (Die übrigens nicht nur in Moskau leben, sondern über das große Rußland verstreut, oft in Städten, die für Ausländer gesperrt sind.) Wir können technische Erörterungen nicht umgehen, aber sie stammen nicht von uns Journalisten, sondern von Augenzeugen. Uns interessiert in erster Linie der humanitäre Aspekt. Die Erinnerungen der Beteiligten, ihr Verhältnis zu sich selbst heute und gestern, ihr Urteil und ihre Prognosen.

Die Protagonisten dieses Buches sind Seeleute, Taucher, Piloten, Fischer, Generäle, Journalisten, KGB-Beamte und Aufklärer. Jeder von ihnen hat gesehen, was er von seiner Position aus sehen konnte. Der Gesichtskreis des einen war größer, der anderer kleiner; der eine wurde damals betrogen, der andere versucht auch heute noch, die Journalisten zu betrügen. Wie dem auch sei, wir sind sicher, daß alle Aussagen interessant sind, auch die des Betrogenen und des Betrügers. Die Ungenauigkeiten und Entstellungen, die Angst und die Gedächtnistrübungen spiegeln nicht nur die Geschichte der koreanischen Boeing. Sie spiegeln die Geschichte der Menschen in der Sowjetunion. Sie belegen, unter welchen Bedingungen wir alle während des «entwickelten Sozialismus» lebten und handelten. Ob Experten, Militärs, «Sonderbevollmächtigte», korrekte Diplomaten oder einfache Sterbliche. Das ist eine tragische Seite unseres Alltags. Gerade deshalb stoßen diese acht Jahre alten Ereignisse bis heute auf so großes Interesse.

Als wir in der Zeitung *Iswestija* die Recherchen gerade erst aufgenommen hatten (die übrigens in der Geschichte der sowjetischen Presse ihresgleichen suchen), konnten wir nicht ahnen, daß so viele dem Aufruf der Zeitung folgen und ihre Hilfe bei der Wahrheitsfindung anbieten würden. Zu einem unserer wichtigsten Helfer wurde das Telefon: Nach jeder Veröffentlichung bekamen wir Anrufe, häufig anonyme, die unsere Arbeit laufend korrigierten und uns mit oft überraschenden Neuigkeiten versorgten.

Während unserer Arbeit an dem Buch, der eine in der Nachrichtenredaktion der *Iswestija*, die andere im Arbeitszimmer zu Hause, wurde uns klar, daß wir ohne die Hilfe von Zeitungsleuten, Kollegen in Moskau und anderen Städten der UdSSR wie auch im Ausland, nicht auskommen würden. Wir danken allen, die uns geholfen haben, vor al-

lem den *Iswestija*-Korrespondenten Sergej Agafonow (To-
kio), Viktor Remisow, Sergej Mostowstschik, Nikolai Bur-
byga, Valeri Rudnew (Moskau), Stanislaw Gluchow, Boris
Resnik (Chabarowsk) und Alexander Schalnew (New York).

Die Geschichte der Boeing KAL 007 läßt sich in drei Etappen einteilen.

Die erste, kürzeste und tragischste ereignete sich am
Himmel über Kamtschatka und Sachalin. Vom Moment der
ersten Verletzung des sowjetischen Luftraums durch die koreanische Passagiermaschine bis zum Abfeuern der Raketen
durch unseren Jäger vergingen wenige Stunden.

Die zweite Etappe, im Meer, dauerte etwa zwei Monate,
während derer nach dem Flugzeugwrack gesucht wurde.

Die dritte Etappe schließlich begann bereits vor dem Start
der Boeing und dauert in gewissem Sinne bis heute an. Die
Ereignisse dieser Etappe finden zu Lande statt, in den Büros
von Militärs und Politikern. Die Aussagen, die wir im Verlauf unserer Recherchen gesammelt haben, tragen dazu bei,
das Bild dessen, was sich 1983 und danach in diesen drei
Etappen abgespielt hat, zu erhellen.

Erster Teil

IN DER LUFT

Sowjetischer Abfangjäger

EINS

Die «Rückkehrgrenze»

Am 2. September 1983 veröffentlichten alle sowjetischen Zeitungen eine kurze TASS-Meldung – die erste Information, die die Sowjetbürger über das Ereignis erhielten, das in der Folge zu einer Weltsensation werden sollte.

«In der Nacht vom 31. August zum 1. September drang ein Flugzeug nichtidentifizierter Herkunft vom Stillen Ozean her über der Halbinsel Kamtschatka in unseren Luftraum ein und verletzte den Luftraum der UdSSR über der Insel Sachalin ein zweites Mal. Das Flugzeug flog ohne Positions- und Blinklichter, antwortete nicht auf Anfragen und nahm keinen Funkkontakt auf.

Jäger der Luftverteidigung versuchten, dem Eindringling zur Landung auf dem nächstgelegenen Flugplatz zu verhelfen. Doch das eingedrungene Flugzeug reagierte nicht auf die Signale und Warnungen der sowjetischen Abfangjäger und setzte seinen Flug in Richtung auf das Japanische Meer fort.»

Das war alles. Keine Schüsse, keine Toten. Unklar blieb sogar, aus welchem Land das eingedrungene Flugzeug stammte.

Wie dieses Informationskunstwerk zustandekam, erfuhren wir später von einem Journalisten. Er arbeitete damals im ZK der KPdSU und nahm als kleiner Clerk an der nächtlichen ZK-Sitzung teil, in der die Formulierungen dieser «Meldung» ausgefeilt wurden. Die Sitzung fand im ZK der KPdSU statt, außer hohen Parteibeamten nahmen daran auch hochrangige Militärs aus dem Generalstab und von der Aufklärung sowie der stellvertretende Außenminister Kornijenko teil.

Der Journalist verließ die Sitzung erst gegen Morgen, als der vorläufige Text feststand. Ein paar Stunden später schlug er die Zeitung auf und las entsetzt in der nochmals redigierten Fassung einen Halbsatz, der nicht aus der nächtlichen Sitzung stammte: «...setzte seinen Flug in Richtung auf das Japanische Meer fort.» Unser Informant ist überzeugt, daß dieser Zusatz, den wenig später jedermann mit gesundem Menschenverstand auf Anhieb als Desinformation erkennen konnte, die Ursache für die Niederlage der sowjetischen Seite im ideologischen Krieg war, der zwischen den USA und der UdSSR entbrannte. Denn schon am nächsten Tag mußte unser Land sich rechtfertigen, neue Tatsachen anführen und bekennen: Ja, wir haben eine Zivilmaschine abgeschossen. Kurz, vor der ganzen Welt zugeben: Wir haben gelogen. Gewaltig gelogen.

Das kennen wir so gut! Die gleiche Angst, die Wahrheit zu bekennen, das gleiche Bestreben, unser Volk und die Weltöffentlichkeit zum Narren zu halten, bewog unsere Parteispitze (denn auch im Geschehen nach dem Abschuß der Boeing wurden alle grundlegenden Entscheidungen im ZK der KPdSU getroffen), die Wahrheit über Tschernobyl zu verschweigen, ebenso die Wahrheit über die gewaltsame Auflösung der friedlichen Demonstration in Tbilissi und die Wahrheit über Vilnius und Riga. Was sich im einzelnen in den Moskauer Chefbüros abspielte, davon wird später die Rede sein.

Zunächst zurück zu den Ereignissen in der Luft.

Einige Tage nach der ersten TASS-Meldung erschien in den Zeitungen ein Interview mit dem damaligen Hauptstabschef der Luftabwehr Generaloberst Semjon Romanow. Der Militär sprach zum erstenmal von einem «Passagierflugzeug», nannte die Luftfahrtgesellschaft, der es gehörte, die «Korean Air Lines» (KAL), und den Typ der Maschine, Boeing 747.

Doch der Nebel lichtete sich dadurch nicht, sondern wurde eher dichter. Der Generalleutnant behauptete zum Beispiel: «Die Besatzung des eingedrungenen Flugzeugs, das entgegen den ICAO-Vorschriften mit abgeschalteten Positions- und Blinkleuchten flog, reagierte nicht auf die Kontaktversuche des Abfangjägers, dessen Pilot mehrfach versuchte, das eingedrungene Flugzeug zur Landung auf dem nächstgelegenen Flugplatz zu bewegen.»

Weiter teilte Romanow mit: «Unser Jägerpilot gab Warnschüsse mit Leuchtspurgeschossen ab, um die Besatzung des eingedrungenen Flugzeugs auf die grobe Verletzung fremden Luftraums aufmerksam zu machen.»

Der hochrangige Militär behauptete auch, der sowjetische Pilot habe die Zivilmaschine nicht identifizieren können, denn «das Flugzeug flog ohne Positionslichter, und seine Silhouette ähnelt der des amerikanischen Aufklärungsflugzeugs RC 135».

Diese wenigen Zitate tauchen einige Tage später als Kernsätze in der offiziellen Version der Ereignisse auf. Darauf beruhen alle Rechtfertigungen für den Abschuß einer Passagiermaschine, für den Tod unschuldiger Menschen.

Doch schon die Aussage eines Mannes genügt, um die

Behauptungen der offiziellen, von vielen Generälen gestützten Version zu widerlegen.

Es ist die Aussage des Mannes, der die Raketen abfeuerte, woraufhin die Maschine tatsächlich Kurs auf das Japanische Meer nahm – um dort für immer zu verschwinden. Nicht zufällig wurde er, noch bevor die Zeitungen die Materialien der Pressekonferenzen unserer Militärs und Diplomaten veröffentlichten, von seinem Dienstort versetzt, Tausende Kilometer weit weg von der Insel Sachalin. Wir werden diesen Mann noch kennenlernen.

Zunächst zu den Bemühungen unserer Kollegen, den völlig desorientierten Lesern ihrer Zeitungen wenigstens irgendwelche vollständigen Informationen zu liefern.

Während zwischen der UdSSR und den USA ein diplomatischer und publizistischer Krieg tobte (zu Südkorea hatte die Sowjetunion damals noch keine offiziellen Kontakte), unternahm der *Iswestija*-Korrespondent in Chabarowsk, Boris Resnik, den verzweifelten Versuch herauszufinden, was wirklich passiert war. Er holte mit einem nächtlichen Anruf den Chefredakteur Lew Tolkunow aus dem Schlaf und überredete den recht einflußreichen Mann, bei den Militärs eine Genehmigung für einen Kamtschatka-Besuch zu erwirken. Warum Kamtschatka, warum Petropawlowsk? Weil man von hier aus einer Spur nachgehen konnte: der des sowjetischen Abfangjägers, der als erster den Flug des koreanischen Airliners in unserem Luftraum verfolgt hatte. Die Zeitung bekam die Genehmigung, und Resnik bereitete einen Artikel zur Veröffentlichung in der *Iswestija* vor. Wie damals üblich, wurde er der Militärführung des Landes zur Absegnung vorgelegt. Die Redaktion bekam daraufhin folgende «Rezension»:

«An den Chefredakteur der *Iswestija*, Gen. L. N. Tolkunow
Sehr geehrter Lew Nikolajewitsch!
Das vorliegende Material entspricht dem Geiste der Erklä-
rungen der sowjetischen Regierung und ist für die Leser im
In- und Ausland von großem Interesse. Es wäre jedoch bes-
ser, die Namen der Militärpiloten zu streichen und es nicht
als Reportage, sondern als Artikel zu veröffentlichen. Unter
Berücksichtigung der Korrekturen (siehe Text) könnte der
Bericht von B. Resnik erscheinen.
N. Ogarkow, 11. September 1983»

Was hatte der Marschall eigentlich am Text unseres Korrespondenten korrigiert, und warum mußten die Namen ge-
strichen werden? Damals waren doch die Reporter selbst die
besten Zensoren ihrer eigenen Berichte! Doch in diesem
insgesamt äußerst harmlosen Text, der die offizielle Version
stützte (anders wäre an eine Veröffentlichung gar nicht zu
denken gewesen!), tauchte der Name Kasmin auf – so hieß
der Pilot, der von Kamtschatka gestartet war, um die Boeing
abzufangen.
　Zur Erinnerung: Abgeschossen wurde die Maschine über
Sachalin. Zum erstenmal bemerkt wurde sie über Kamtschatka. Eine beachtliche Entfernung.
　Der offiziellen sowjetischen Version zufolge wurde das in
unseren Luftraum über Kamtschatka eingedrungene Flugzeug von einem Abfangjäger «begleitet». Dieser «verlor»
dann die Boeing, wie ein Kind sein Spielzeug. Tatsächlich
wurde sie zum erstenmal von Major Oleg Pachomow auf der
Radarstation der Luftverteidigung bei Jelisowo erfaßt. Auf
sein Kommando startete der Abfangjäger des Piloten Wassili Kasmin. Er holte die Boeing ein und begleitete sie bis zur
sogenannten «Rückkehrgrenze».
　Hier stießen wir auf das erste Rätsel. Wassili Kasmin. Ein

Pilot dieses Namens existiert in den Archiven der Luftstreitkräfte nicht. Weder Kasmin noch Kosmin.

Das zweite Rätsel war die «Rückkehrgrenze». Was bedeutet das? Die Erklärungen der Experten und Piloten dazu gehen auseinander. Überzeugend, weil dem Geist jener Zeit entsprechend, erscheint uns folgende Version: Experten berichteten, diese «Grenze» sei eingeführt worden, nachdem der sowjetische Militärpilot Belenko mit dem damals supermodernen Jäger MiG 25 nach Japan geflüchtet war. Die nach Belenkos Verrat notwendige Umrüstung aller Militärmaschinen kostete die Steuerzahler unseres Landes viele Millionen (wenn nicht Milliarden) Rubel. Doch diese schallschnelle Flucht hatte noch eine weitere Folge: Mißtrauen gegen alle Piloten. Von da an wurden die Maschinen so betankt, daß der Treibstoff unter keinen Umständen bis zum nächsten ausländischen Flugplatz reichen konnte. Dieses Mißtrauen gegen die Männer, die unser Land schützen, bestimmte die «Rückkehrgrenze».

Es wäre interessant zu erfahren, wie sich diese Maßnahme auf die Verteidigungsbereitschaft des Landes auswirkte. Die Piloten waren ja dadurch rein technisch nicht in der Lage, ihre Aufgaben zu erfüllen. Und wenn nun der damals so vielbeschworene Feind ihre Route gekreuzt hätte? Ein Feind, der einen realen Angriff, zum Beispiel mit Bomben, oder eine Spionagemission im Sinn gehabt hätte? Mit dem hätte der «rückkehrbegrenzte» sowjetische Pilot dann Fangen gespielt?

Nachdem wir diese Tatsachen veröffentlicht hatten, kamen von verschiedenen Militärinstanzen Dementi: Es habe bei den Luftstreitkräften nie eine derart drakonische Maßnahme der Treibstoffbegrenzung gegeben. Die «Rückkehrgrenze» bedeute nichts anderes als die Möglichkeit des Flugzeugs, bis zu einem bestimmten Punkt und zurück zu fliegen. Den Mut zu einer offiziellen Gegendarstellung in der Zeitung hatten die Militärs jedoch nicht.

Kasmin oder jemand anders, der so genannt wurde, mußte umkehren. Die Boeing ging nicht verloren. Sie setzte einfach stur ihren Flug in Richtung Sachalin fort.

Über eine Stunde lang wurde die KAL 007 nur von Radarstationen verfolgt. Auf Sachalin starteten dann zwei Abfangjäger und flogen ihr entgegen.

Verschiedene Versionen der Tragödie, die sich dann ereignete, sind durchgespielt, zum Teil veröffentlicht worden. Es gibt die aus amerikanischen, japanischen und koreanischen Quellen schöpfenden Untersuchungen, die den Ablauf der Ereignisse im wesentlichen stimmig rekonstruieren und sich dabei auf die Frage konzentrieren, wie es zu der Kursabweichung der Boeing kommen konnte. Doch sind auch viele irreführende Darstellungen in die Welt gesetzt worden, zu denen – nur ein Beispiel – der Bericht des französischen Luftwaffenexperten Michel Brun gehörte, der sich vor allem auf zwei Vermutungen stützt.

Erstens, der südkoreanische Airliner wurde nicht von sowjetischen Jägern über Sachalin abgeschossen, sondern stürzte unter rätselhaften Umständen vor der japanischen Küste ab.

Zweitens, im sowjetischen Luftraum hat tatsächlich ein militärischer Zusammenstoß stattgefunden. Darin war jedoch keine Passagier-Boeing verwickelt; vielmehr sind mehrere amerikanische Militärmaschinen an diesem Einsatz beteiligt gewesen, von denen drei vernichtet wurden.

Diese Version ist von allen Seiten dementiert worden. Wir baten den Luftwaffenadmiral Pjotr Kirsanow um einen Kommentar. Er leitete vom 1. bis 6. September die Kommission zur Untersuchung der Operationen der Luftverteidigungstruppen und Luftstreitkräfte im Militärbezirk Fernost.

Die Antwort des Admirals war zunächst kurz: «Absurd.»

Weiter teilte der ranghohe Militär mit, daß ein Team sowjetischer Militärexperten seinerzeit alle Einzelheiten des Zwischenfalls gründlich untersucht habe. Es sei zu folgendem Schluß gekommen: Das eingedrungene Flugzeug, das über fünfhundert Kilometer von der internationalen Flugroute abgewichen war, sei das erste Mal um 22 Uhr 24 im Raum der Siedlung Prawda (Kamtschatka) angegriffen worden. Zwei Raketen hätten das Ziel verfehlt. Fünf Minuten später habe die Radarortung das Flugzeug in einer Höhe von fünf Kilometern verloren. (Die Details dieser Erklärung dürfen nicht allzu ernst genommen werden. In geographischen und anderen Einzelheiten «irrt» der General.)

«Zur gleichen Zeit war im selben Raum ein amerikanisches Aufklärungsflugzeug unterwegs», fuhr Kirsanow fort. «Der Vergleich der Flugdaten mit denen des Aufklärungsflugzeugs über der Karaginski-Bucht führte zu dem Schluß, daß es sich bei der Maschine über Kamtschatka um denselben Typ handeln mußte. Oder möglicherweise um eine E-3A [AWACS]. Die Radar-Lichtpunkte dieser beiden Typen sind nicht zu unterscheiden.»

«Warum zieht der Franzose den Absturzort in Zweifel?»

«Das verstehe ich auch nicht», antwortete der Marschall. Er schwieg einen Moment, und dann machte er eine Bemerkung, die uns überraschte:

«Das Flugzeug wurde doch gefunden. Die Bergungsarbeiten waren kein Geheimnis.» (Für wen? Für die Menschen in der Sowjetunion waren sie es auf jeden Fall!) «Es gab ausländische Beobachter.»

Eine Sensation! Bisher hatte kein sowjetischer Experte zugegeben, daß die koreanische Boeing gefunden worden war.

Was die offizielle erste Version der Ereignisse in der Luft angeht, so sind sie durch die Aussagen eines Mannes leicht zu widerlegen. Er heißt Gennadi Ossipowitsch und ist Oberstleutnant a. D. Er hat in der Nacht vom 31. August zum 1. September 1983 auf den Knopf gedrückt und die Raketen abgefeuert.

ZWEI

Die Bekenntnisse des
Oberstleutnants Ossipowitsch

Am Abend des 31. August trat Gennadi Ossipowitsch den Nachtdienst auf dem Militärflugplatz Sokol an. Er war kurz zuvor aus dem Urlaub gekommen und hatte selbst darum gebeten, zu Nachtflügen eingeteilt zu werden. An diesem Tag paßte es ihm besonders gut, denn tags darauf begann das neue Schuljahr, und der Pilot war in die Schule eingeladen worden, in der seine Tochter die achte und sein Sohn die erste Klasse besuchten, um dort in der «Friedensstunde» zu sprechen. Solche Stunden, eine Art Politerziehung, fanden am 1. September im ganzen Land statt. Weil Ossipowitsch der Dienstälteste war, ordnete er für sich selbst «Bereitschaftsstufe drei» an.

Bei «Bereitschaftsstufe eins» muß der Pilot im Flugzeug sitzen. Bei «Bereitschaftsstufe zwei» muß er Fliegerkombi tragen. Bei «Stufe drei» muß er sich binnen zehn Minuten anziehen und seinen Platz im Flugzeug einnehmen können.

Ossipowitsch machte Meldung an seine Vorgesetzten, aß mit den anderen Piloten Abendbrot und sah fern. Dann schlief er bis vier, bis zum Kontrollgang. Er zog sich gerade an, um das Gebäude zu verlassen, als das Telefon klingelte. Ein Leutnant nahm ab, hörte zu und sagte zu Ossipowitsch: «Bereitschaftsstufe eins für Sie.»

26

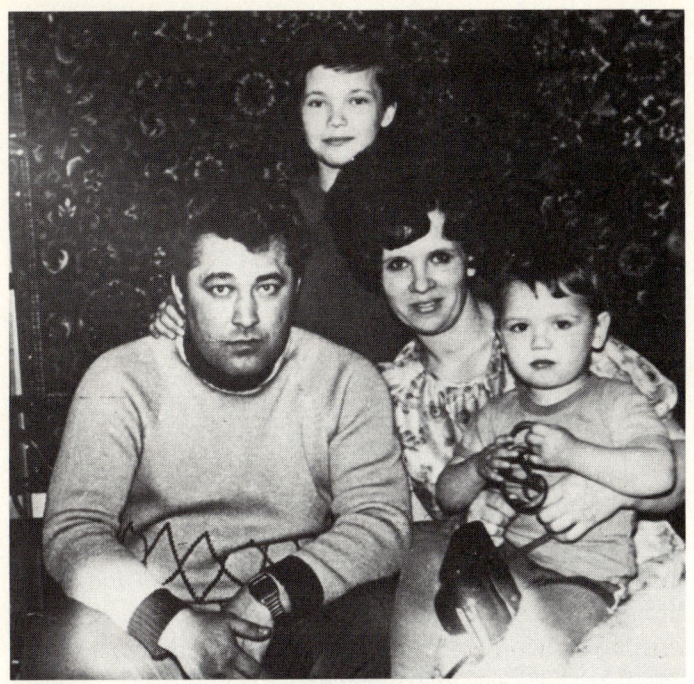

Oberstleutnant a. D. Gennadi Nikolajewitsch Ossipowitsch mit Familie

Auf dem Weg zu seiner Maschine, einer SU 15, überlegte Gennadi Ossipowitsch, warum er diesen Befehl bekommen hatte; schließlich saß schon ein junger Pilot in Alarmbereitschaft im Flugzeug. Wer wird denn in der Armee ohne Grund einen Dienstältesten belästigen? Es herrscht dort, so Ossipowitsch, «Ältestenrecht». Er war überzeugt, daß ein Kontrollziel die Ursache für die Aufregung war, daß es sich also um einen Übungsalarm handelte.

Den weiteren Verlauf schildert der Pilot selbst. Doch in seinem Bericht gibt es viele Widersprüche und Verwirrungen. Wir werden versuchen, ihnen auf den Grund zu gehen.

Gleich nach dem Zwischenfall gab er dem sowjetischen Fernsehen ein Interview, bei dem sein Name nicht genannt wurde; dann verschwand er aus dem Blickfeld der Journalisten. Eine Engländerin allerdings war nach seinen Worten den Militärs so lange «auf den Wecker gefallen», bis ihr ein Gespräch mit dem Piloten genehmigt wurde. Das Interview fand im Museum der Streitkräfte der UdSSR statt, und es existiert davon nicht nur die Tonbandaufnahme der hartnäckigen Journalistin. Vor dem Gespräch war Ossipowitsch instruiert worden – vom ehemaligen Befehlshaber des Militärbezirks Fernost und späteren Chef der Luftverteidigung des Landes, Marschall Tretjak. Eine selbst für die sowjetische Armee äußerst unangenehme Figur.

Das Interview erschien später nicht in der britischen, sondern in der amerikanischen Presse, und nach den Publikationen der *Iswestija* stellten die amerikanischen Kollegen Widersprüche zwischen unseren Berichten und diesem ersten Interview fest. Kein Wunder.

Wir *Iswestija*-Korrespondenten trafen uns dreimal mit dem Piloten. Zwei Gespräche wurden auf Video aufgezeichnet, und einige Unstimmigkeiten fielen auch uns auf. Da unsere Gespräche nicht in der offiziellen Atmosphäre des Museums stattfanden, sondern zu Hause, am gedeckten Tisch, ohne vorherige Instruktion durch Natschalniks, waren sie frei und ungezwungen. Zwischen unserer zweiten und dritten Begegnung bekam Ossipowitsch allerdings Besuch von einem Vertreter des KGB, der den Piloten warnte: «Kein überflüssiges Geschwätz.» Deshalb verlief das letzte Gespräch etwas gehemmt. Dennoch enthalten unsere Aufzeichnungen viel Neues.

Militärpilot Ossipowitsch über die Nacht zum 1. September 1983:

«Ich habe meinen Platz in der Kabine eingenommen und Meldung gemacht. Der Befehl wurde bestätigt: Alarmbereitschaft!

Aber die Zeit verging, und es kamen keine neuen Befehle. Plötzlich sehe ich: es wird noch ein Flugzeug startklar gemacht. Was war los? Gewöhnlich begannen die Amerikaner erst nach elf Uhr morgens zu stänkern. Jetzt war es für sie noch viel zu früh. Sie flogen bei Dunkelheit überhaupt nicht, weder abends nach elf noch frühmorgens. Auch 1983 nicht, obwohl sie ihre Aufklärungsflüge über unserem Gebiet verstärkt hatten. Wir mußten immer wieder mal aufsteigen und Luftraumverletzungen unterbinden. Besonders lästig waren die RC 135, elektronische Aufklärungsmaschinen. Vor kurzem habe ich in der *Iswestija* den Bericht ‹Sieben Jahre nach der Tragödie› über meine Geschichte gelesen. Sie führen da die Meinung von James Oberg an, einem Amerikaner, der sowjetische Katastrophen untersucht. Für mich als Fachmann waren seine ‹kompetenten› Überlegungen einfach lächerlich. So behauptet er zum Beispiel, die sowjetischen Piloten hätten die südkoreanische Maschine durchaus für ein Aufklärungsflugzeug vom Typ RC 135 halten können. Wenn das so wäre, würde uns das Inkompetenz bescheinigen. Denn, so Oberg, die KAL 007 bewegte sich auf dem Radarschirm mit weitaus höherer Geschwindigkeit als eine gewöhnliche RC 135. Außerdem hielt sie geraden Kurs, während die RC 135 normalerweise ‹Achten› fliegt.

Sind wir tatsächlich so untaugliche Piloten, und was sind das für ‹Achten›?

Glauben Sie mir, ich hab in der Luft über Sachalin schon alles Mögliche gesehen und weiß genau, daß RC 135 an un-

Verkehrsflugzeug Boeing 747 der Korean Air Lines KAL

serer Grenze entlangflogen und daß sie durchaus in der Lage sind, unsere Radarsignale zu empfangen und unseren Funkverkehr abzuhören. Aber in ruhigeren Zeiten arbeiten nicht alle Radarstationen. Wie verhielten sich die Amerikaner in solchen Fällen? Ihre Piloten griffen zu einer List, sie flogen diese ‹Achten›, von denen Oberg spricht. Das ging so: Das Aufklärungsflugzeug hält Kurs auf unseren Luftraum, verletzt ihn und zwingt uns, den Radar einzuschalten. Dann wendet es sofort. So entsteht die ‹Acht›.

Ja, es war ein ständiger Nervenkrieg. In den zehn Dienstjahren im Fernen Osten bin ich über tausendmal aufgestiegen, um sie abzufangen. Wir kannten die Bordnummern der Eindringlinge. Und sie kannten unsere. Ein Freund von mir kam mal aus dem Urlaub zurück und startete zum Abfangen. Plötzlich hört er: ‹Hallo, Nikolajew. Wo warst du im Urlaub?›

Im April 1983 passierte eine ganz unangenehme Sache. Die Amerikaner hatten den bei Erwärmung vom Land aufs Meer ziehenden Nebel ausgenutzt und waren fünfzehn Minuten lang um die Insel Seljony zwischen Japan und den Kurilen geflogen. Und wir hatten sie verpennt.

Nach diesem Vorfall kam eine Kommission ins Geschwader und nahm uns auseinander. Die haben uns mächtig den

Airforce-Aufklärungsflugzeug RC 135

Kopf gewaschen. Als die Kommission wieder weg war, faßte der Geschwaderkommandeur noch mal alles zusammen und sagte: Wenn es über den Kurilen einen Luftkampf geben sollte, schafft ihr's nicht mehr bis nach Hause. Wir leiten euch dann zum nächstgelegenen Festland, damit ihr euch rauskatapultieren könnt.

Der psychologische Druck wuchs durch solche Reden natürlich. Ein paar Wochen lang installierten wir Bordkanonen und warteten. [Die übliche Variante der heute veralte-

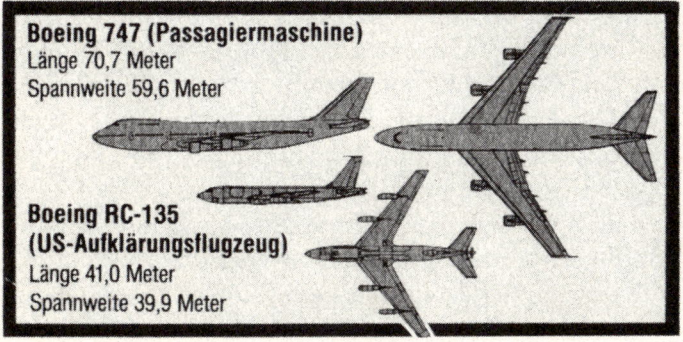

Boeing 747 (Passagiermaschine)
Länge 70,7 Meter
Spannweite 59,6 Meter

Boeing RC-135
(US-Aufklärungsflugzeug)
Länge 41,0 Meter
Spannweite 39,9 Meter

ten SU 15 war nicht mit Kanonen ausgerüstet. Daß die Schüsse auf die Boeing aus Kanonen dieses Jägers abgegeben worden waren, wurde später von ausländischen Experten überprüft. Unsere Militärs mußten ihnen auf einem Militärflugplatz bei Moskau eine mit Kanonen ausgerüstete SU 15 zeigen.]

Erst im Juni wurde es bei uns auf Sachalin ruhiger. Unser Arzt bestand darauf, daß ich Urlaub nahm, die Belastungen der letzten Zeit zeigten ihre Wirkung. Ich war die ganze Zeit entweder selbst auf Abfangflug gewesen oder hatte die Flüge geleitet, denn ich war stellvertretender Geschwaderkommandeur.

Am 16. August kam ich aus dem Urlaub zurück in die Siedlung Sokol auf Sachalin, wo wir stationiert waren. Unser Geschwader hatte gerade neue Maschinen bekommen, MiG 23 und MiG 31. Die Piloten wurden umgeschult, eine Staffel war unterwegs. Im Geschwader waren kaum noch Leute. Ich hatte noch ein paar Urlaubstage übrig. Aber es gab viel zu tun, und der Kommandeur bat mich, meinen Dienst eher wieder anzutreten.

Um sechs Uhr morgens [Ortszeit] kriegte ich schließlich den Befehl zum Start. Ich hab den Motor angelassen, die Scheinwerfer eingeschaltet, weil die Startbahn nicht beleuchtet war, und bin an den Start gerollt. Ich sollte Kurs aufs Meer nehmen. Ich stieg schnell auf die befohlene Flughöhe von achteinhalb Kilometern und ging auf Kurs. Ich war überzeugt, daß ein Kontrollziel unterwegs war, um unser Wachsystem zu überprüfen. Zur Übung. Darum war ich als erfahrenster Pilot losgeschickt worden.

Nach acht Minuten Flug meldete die Flugleitzentrale: ‹Vor Ihnen fliegt auf Gegenkurs ein Grenzverletzer.›

Aber in der vorderen Halbsphäre stoße ich nicht auf das Ziel. Da kommt ein neues Kommando, ich soll wenden.

Also wende ich, korrigiere meinen Kurs nach Anweisung und verfolge den Eindringling.

Das Wetter war normal. Bald konnte ich das Flugzeug sehen. Was heißt sehen, ich sah vor mir einen Punkt von drei, vier Zentimetern Durchmesser fliegen. Die Blinklichter waren eingeschaltet.»

«Was haben Sie in diesem Augenblick gedacht?»

«Nichts! Ich war vom Jagdfieber gepackt! Auch später, wenn ich gebeten wurde, alles, was sich in der Luft abgespielt hat, sekundengetreu zu rekonstruieren, konnte ich das nicht tun.

Was ist ein Jagdflieger? Eine Art Jagdhund, der auf Fremdes abgerichtet wird. Ich hab gesehen, vor mir fliegt er, der Fremde. Ich bin schließlich kein Verkehrspolizist, der den Verletzer anhält und die Papiere verlangt! Ich war hinter ihm her, um den Flug zu unterbinden. Zuerst mußte ich versuchen, ihn auf unserem Flugplatz zur Landung zu zwingen. Wenn er nicht gehorchte, mußte ich den Flug unterbinden, koste es, was es wolle. An etwas anderes konnte ich nicht denken. Alles, was ich später gehört habe, ist pure Phantasie.

Als ich nah genug dran war, hab ich ihn mit dem Zielradar erfaßt. Gleichzeitig schalteten sich die Zielsuchköpfe der Raketen ein.

Das fremde Flugzeug flog mit etwa tausend Stundenkilometern, meine Geschwindigkeit war höher. Ich mußte das Tempo drosseln. In dreizehn Kilometern Entfernung vom Ziel meldete ich: ‹Ziel erfaßt. Fliege hinterher. Was soll ich tun?›

Doch die Flugleitstelle fragte mich plötzlich nach Kurs und Flughöhe des Ziels. Dabei hätte es doch umgekehrt sein müssen! Später hab ich erfahren, wir flogen beide außerhalb der Reichweite des Bodenradars. ‹Eine Zeitlang haben

wir weder dich noch ihn gesehen›, erklärte mir der Navigator am Boden.

Wir näherten uns Sachalin. Da kam das Kommando:
‹Das Ziel hat die Staatsgrenze verletzt. Ziel vernichten.›»

Bevor Ossipowitsch seine Schilderung fortsetzt, eine kleine
Abschweifung in die Psychologie, die in diesem Augenblick
eine entscheidende Rolle gespielt hat.

Wie wir wissen, waren die Nerven der Piloten und des
Bodenpersonals in diesem Jahr aufs äußerste angespannt;
die Amerikaner flogen oft über dem sowjetischen Luftraum,
und die Luftabwehr funktionierte nicht immer reibungslos.
Kommissionen, Verweise, Standpauken konnten nicht ohne
Wirkung bleiben. Und was Ossipowitsch selbst angeht, so
sehen wir uns – zum wievieltenmal? – eine Videoaufzeich-
nung an, die mit den Ereignissen scheinbar nichts zu tun
hat.

Am Morgen nach dem Gespräch mit den *Iswestija*-Korre-
spondenten fängt Ossipowitsch vor seinem Haus einen
Hahn für die Suppe, mit der die Moskauer bewirtet werden
sollen. Das Prachtexemplar ist gefangen, und aus dem Haus
kommt, ein Beil in der Hand, Ossipowitschs Frau. Er reicht
ihr das Tier und läuft schnell ins Haus. Während sie dem
Hahn den Kopf abhackt und den noch zappelnden Vogel
festhält, schreit Ossipowitsch nur ab und zu aus seiner
«Deckung»: «Bist du fertig?»

«Ja, schon erledigt», sagt sie, «kannst rauskommen!»
Und dann, etwas leiser: «Das ist was anderes, als 269 Menschen ins Jenseits zu befördern.»

Wie Schatten sind diese 269 Menschen seit sieben Jahren
in Ossipowitschs Haus ständig gegenwärtig. Um sie zu ver-
jagen und nicht den Verstand zu verlieren, muß er einen
mächtigen inneren Selbstschutz aufbauen. Darum kennt er,

selbst wenn er betrunken ist, und er trinkt nicht wenig, genau die Grenze, über die er nicht hinausgehen darf. Wahrscheinlich hat sein Gedächtnis die Ereignisse so gespeichert (oder es verdrängt sie, was das gleiche ist), daß der Selbstschutz nicht zerstört, sondern gefestigt wird. Darum muß er folgende Tatsachen leugnen, obwohl gerade er sie gekannt haben dürfte.

Erstens: Er hat das Flugzeug höchstwahrscheinlich außerhalb des russischen Luftraums abgeschossen.

Zweitens: Er hat es als Passagierflugzeug erkannt.

Um diesen Tatsachen zu entgehen, wiederholt er hartnäkkig: Das Flugzeug war in einer Spionagemission unterwegs und ohne Passagiere!

Diese psychologische Seite muß bei der weiteren Schilderung des Piloten mit bedacht werden.

Gennadi Ossipowitsch hatte also vom Boden das Kommando erhalten: «Das Ziel hat die Staatsgrenze verletzt. Ziel vernichten!»

«Ich hab den Nachbrenner eingeschaltet», erzählt der Oberstleutnant a. D. weiter. «Die Kontrollampen für die

Der sowjetische Abfangjäger SU 15 im Einsatz. Deutlich sind die Raketen und die Kanonen zu erkennen.

35

Raketenköpfe blinkten. Ich hab Meldung gemacht: Ziel erfaßt. Plötzlich höre ich: ‹Angriff abbrechen! Auf Höhe des Ziels aufsteigen und zur Landung zwingen!›

Ich hatte mich dem Eindringling schon von unten genähert. Ich drossele mein Tempo und gebe Blinkzeichen. Aber er reagiert nicht.

‹Geben Sie Warnschüsse ab!› kommt der Befehl vom Boden.

Ich hab vier Geschoßgarben abgefeuert, mehr als zweihundert Schuß hab ich verbraucht. Aber was soll's! Ich hatte doch keine Leuchtspurmunition, bloß panzerbrechende. Die ist doch kaum zu sehen.»

«Aber in unseren Zeitungen, die sich auf ‹offizielle Quellen› beriefen, stand doch, daß die Warnschüsse mit Leuchtspurmunition abgegeben worden seien.»

«Das stimmt nicht. Solche Munition hatte ich einfach nicht. Darum mußte ich andere nehmen.»

«Aber dann haben die Piloten des fremden Flugzeugs Sie ja wirklich nicht sehen können, wie ausländische Experten behaupten?»

«Ich bin fest überzeugt, daß sie mich gesehen haben. Mein Blinken haben sie bemerkt. Die Reaktion der Piloten war eindeutig, sie haben das Tempo gedrosselt. Sie flogen nur noch mit vierhundert Stundenkilometern. Ich flog schneller, ich konnte mein Tempo bei dieser Höhe und Luftdichte nicht weiter drosseln. Die Rechnung der Eindringlinge war meiner Ansicht nach ganz einfach: Wenn ich nicht in ein Luftloch fallen und abstürzen wollte, mußte ich sie überholen. Was dann auch passierte. Wir hatten die Insel schon überquert, sie ist an dieser Stelle sehr schmal. Ich konnte das Ziel jeden Moment verlieren. Da kommt vom Boden wieder das Kommando: ‹Ziel vernichten!›»

DREI

«Ziehe mich vom Angriff zurück»

Auf der Sitzung des UNO-Sicherheitsrates am 6. September 1983 legte die amerikanische Delegation eine Aufzeichnung der Funksprüche der sowjetischen Piloten in der Nacht zum 1. September vor. Auf dem Band, das Japan zur Verfügung gestellt hatte, fehlten die Befehle und Anfragen der Bodenstationen auf Sachalin. Das liegt daran, daß die Funkabhöranlagen auf der Insel Hokkaido die Bodenstationen nicht empfangen konnten, sie zeichneten nur den Funkverkehr in Reichweite der Ortungsgeräte in der Luft auf.

Obwohl die amerikanische UNO-Botschafterin Jeane Kirkpatrick behauptete, es sei kein Wort gekürzt worden, bleiben die Funkaufzeichnungen, über die Japan, die USA und die Sowjetunion zum jetzigen Zeitpunkt verfügen, ein Rätsel. Niemand kann sicher sein, daß sie nicht aus den verschiedensten Gründen gekürzt und verändert wurden. Und zwar möglicherweise von allen interessierten Seiten!

Aus sicherer Quelle wissen wir, daß die sowjetische Aufzeichnung kosmetischen Operationen unterzogen worden ist; so sind im nachhinein neben einem eingeschalteten Rasierapparat aufgenommene Funksprüche in die Bänder einmontiert worden, die nach Aussage eines unserer Informanten den Ablauf des Geschehens stark entstellt haben.

Auch andere könnten die Aufzeichnungen – aus anderen

Motiven und mit technisch perfekteren Mitteln – verändert haben, zum Beispiel interessierte Kreise in den USA. Das jedenfalls schließt L. Porter, Autor einer in der amerikanischen Zeitschrift *World of Science* veröffentlichen Untersuchung, nicht aus. Auf unsere Ansicht, wer diese Kosmetik brauchte und warum, kommen wir noch zurück. Zunächst Ausschnitte aus der Aufzeichnung, damit der Leser eine Vorstellung vom Charakter dieses Dokuments bekommt.

Wir führen nur die aufschlußreichsten Auszüge an (nicht der sowjetischen Variante, sondern der der UNO vorgelegten). Auslassungen sind mit Punkten markiert. Einige Begriffe: «Blinklicht» – Blinklicht zur Erkennung von Passagier- und Transportflugzeugen; «Ziel erfaßt» – Raketen in Feuerbereitschaft auf das Ziel gerichtet.

Die Aufzeichnung beginnt um 17.56 Greenwich-Zeit. Eine halbe Stunde vor dem Abschuß der Passagiermaschine.

«Nicht verstanden. Welcher Kurs? Fliege Kurs 100.»

«Führe Befehl aus.»

«Kurs 50.»

«Ich antworte.»

«Auf Kurs 240.»

«Ich beobachte.»

«Verstanden. Verstanden. Kehre um.»

«Kurs 30, 8000.»

«Führe Befehl aus, Kurs 100.»

. . .

«Entfernung bis zum Punkt?»

«Verstanden.»

«4900.»

«Führe Befehl aus.»

«Nicht verstanden.»

«Führe Befehl aus.»

«Rest drei Tonnen.»
«Verstanden. Wiederholen Sie Kurs.»
«Nach links? Oder nach rechts?»
«Führe Befehl aus, 260.»
. . .
«Spezialsystem einschalten?»
«Verstehe.»
«163, er muß die Zusatztanks abwerfen.»
«Ja, es hat sich gedreht.»
«Das Ziel ist schon bei 80 links von mir.»
. . .
«Verstanden. Es fliegt mit Blinklicht, mit Blinklicht.»
. . .
«Beobachte es visuell und sehe es auf dem Schirm.»
. . .
«Ich beobachte es. Ziel erfaßt.»
«Verstanden.»
«Ziel antwortet nicht auf den Ruf.»
«Kurs des Ziels, ja, 240 Grad.»
. . .
«Verstanden. Es behält Kurs bei.»
. . .
«Verstanden. Ich bin zu schnell. Ich brauche den Nach-
brenner nicht einzuschalten.»
«Ich hab noch 2700.»
«Zusatzbehälter abgeworfen.»
. . .
«Ziel weiter auf Kurs 240.»
«Führe Befehl aus.»
«Folge ihm abfangbereit.»
«Kurs des Ziels 240.»
«Wiederholen Sie den Azimut.»
«1001 von Karneval. Azimut 45, Entfernung 60.»

«Deputat beobachtet mich.»
«Deputat fragt: Können Sie das Ziel sehen?»
«Beobachten Sie es?»
«Fragen Sie 805?»
«Wer ruft 805?»
«Ich beobachte.»
«Karneval kann nichts sehen.»

. . .

«Positionslichter und Blinklichter sind eingeschaltet.»
«Verstanden. Ich habe siebeneinhalb, Kurs 230.»
«Nähere mich dem Ziel.»
«Die Zeit reicht nicht.»

. . .

«Fliege hinter dem Ziel, Abstand 25. Können Sie mich sehen?»
«Verdammt, ich bin schon dran, das Ziel ist schon erfaßt.»

. . .

«Ich muß näher ran.»
«Schalte Zielerfassung aus, nähere mich.»
«Das Ziel fliegt mit Blinklicht. Bin schon ganz nah dran, Entfernung etwa zwei Kilometer.»
«Flughöhe des Ziels 10 000.»
«Ich beobachte beide, Entfernung 10 bis 15 Kilometer.»
«Meine Handlungsweise?»
«Verstanden.»
«Ziel verringert die Geschwindigkeit.»
«Ich fliege einen Bogen, bin schon vor dem Ziel.»
«Er hat Geschwindigkeit erhöht.»
«Nein, er drosselt sie.»
«Das hätte früher passieren müssen. Die Entfernung ist zu kurz.»
«Seitlich vom Ziel.»

Die USA spielen Tonbänder vom Jumbo-Abschuß im UNO-Sicherheitsrat vor. Während des Abhörens des Tonbands, dessen Wortlaut auch auf einem Monitor (hinten) gezeigt wurde, vorn im Bild rechts die amerikanische Delegierte Jeane Kirkpatrick mit anderen Ratsmitgliedern.

«Ich muß mich jetzt ein bißchen hinter das Ziel zurückfallen lassen.»

«Wiederhole.»

«Flughöhe des Ziels 10 000.»

«Position, jetzt ist es 70 Grad links von mir.»

«Ich falle schon zurück. Jetzt versuch ich's mit einer Rakete.»

«Bis zum Ziel 12, ich sehe beide.»

«Rechte Kurve, Kurs 300.»

«Führe Befehl aus.»

«Verstanden. Folge ihm abfangbereit.»

«Drehe auf Kurs 30.»

«Verstanden.»
«Nähere mich dem Ziel. Bin abfangbereit. Entfernung 8.»
«Schon eingeschaltet.»
«Kurs 30.»
«Raketen startklar.»
«Abgefeuert.»
«Ziel vernichtet.» [18 Uhr 26 Greenwich-Zeit]
«Ziehe mich vom Angriff zurück.»

Und nun Auszüge aus unserer stenographischen Mitschrift eines Gespräches, bei dem Gennadi Ossipowitsch mit den Tonbandaufzeichnungen konfrontiert wurde. Der Pilot erklärte, sie stimmten im wesentlichen mit dem überein, was in der verhängnisvollen halben Stunde in der Luft gesprochen wurde.

Korrespondent: «‹Verstanden.› – ‹Ziel antwortet nicht auf den Ruf.›»
Ossipowitsch: «Ich hab doch den Ruf eingeschaltet. Wenn der Ruf eingeschaltet ist... Für jede Woche, für jeden Tag gibt es einen Antwortruf. Wenn eines unserer Flugzeuge vor uns fliegt oder uns entgegenkommt, dann antwortet es auf den Ruf. Dann erfasse ich das Ziel natürlich nicht und feuere auch keine Rakete ab. Aber wenn es ein ausländisches Flugzeug ist und nicht antwortet, knall ich es ab.»
K: «‹Kurs des Ziels, ja, 240 Grad.›»
O: «Das ist die Bodenleitstelle, er hatte mich verloren. Nicht nur mich, sondern auch den Eindringling, weil wir in eine unsichtbare Zone geraten waren. Von der haben wir vorher nichts gewußt, unsere Luftverteidigung auch nicht. Der Navigator hatte mich verloren, darum fragt er nach dem Kurs des Ziels. Ich hab mich darüber sehr gewun-

42

dert, warum fragt er mich? Ich hab ihm gemeldet, ich sehe den Eindringling, ich verfolge ihn doch. Wenn ich ihn nicht verfolgt hätte, wäre er abgehauen, wie über Kamtschatka.»

K: «Sie wußten nichts von dieser unsichtbaren Zone?»

O: «Nein, natürlich nicht! Solange wir dort schon flogen, davon wußten wir nichts. Wir sind ja nie so geflogen, von dieser Seite, mit Kurs 240 und einer Flughöhe von 10000. Der Koreaner muß aber davon gewußt haben, darum ist er so geflogen. Er hat gehofft, unbemerkt zu bleiben. Wie über Kamtschatka.» (Das ist sehr wichtig. Ossipowitsch ist also bis heute davon überzeugt, daß das koreanische Flugzeug zu Aufklärungszwecken unterwegs war und deshalb absichtlich in der unsichtbaren Zone flog.)

K: «‹Verstanden. Es behält Kurs bei.›»

O: «Das bin ich.»

K: «‹Verstanden. Ich bin zu schnell. Ich brauche den Nachbrenner nicht einzuschalten.›»

O: «Das ist irgendein Quatsch. Das weiß ich jetzt gar nicht mehr.»

K: «‹Ich hab noch 2700.› Treibstoff?»

O: «Ja. Das ist nur noch wenig.»

K: «‹Zusatzbehälter abgeworfen.›»

O: «Das ist der, den sie nach mir hochgeholt hatten, eine MiG 23. Die hat verstellbare Tragflächen. Wenn sie abfangen, hängen drei Treibstoffbehälter daran. Aber damit kommen sie auf keine hohe Geschwindigkeit, ihre Höchstgeschwindigkeit liegt bei 800 km/h. Wenn er die Behälter abwirft, die Tragflächen einzieht, kann er sehr schnell fliegen. Die Treibstoffbehälter sind dazu da, daß die Maschine länger in der Luft bleiben kann. Mein Kollege hat sie abgeworfen, er flog so 15 bis 20 Kilometer hinter mir.»

K: «Kam er von Ihrem Stützpunkt?»

O: «Nein, auch von Sachalin, aber von einem anderen Flugplatz, von Smirnych.»

K: «Von der Luftwaffe?»

O: «Ja, dort waren alle von der Luftwaffe. Von der Luftverteidigung waren bei dieser Geschichte nur die funktechnischen Truppen dabei. Sonst keiner.» (Auch das ist von Bedeutung, denn in unseren offiziellen Dokumenten wurde behauptet, die Boeing sei von der Luftverteidigung abgeschossen worden. In Wirklichkeit stammten Flugzeuge und Piloten von der Luftwaffe. Die Luftverteidigung war an der Operation gar nicht beteiligt, außer den Bodendiensten.)

K: «‹Ziel weiter auf Kurs 240.›»

O: «Das bin ich. Ich antworte auf die Anfrage des Dispatchers. Er sieht uns nicht, er leitet uns über Funknavigation. Ich melde ihm Flughöhe und Geschwindigkeit, und er leitet mich. Die von der Bodenstation konnten schon längst weder den Eindringling noch mich sehen. Seit einer Entfernung von 160 Kilometern. Aber ich hab den Eindringling gesehen. Ich hab mich drangehängt und flog mit 13 Kilometer Abstand hinterher, abfangbereit.»

K: «‹Führe Befehl aus.›»

O: «Da kam eine Meldung vom Boden, und ich hab sie ausgeführt.»

K: «Was für eine Meldung?»

O: «Wahrscheinlich, daß das Ziel kommt. Der Dispatcher dubliert in diesem Fall immer die Kommandos. Ich mache Meldung, und er wiederholt, als ob er mich sieht. Das ist so eine Fliegersophistik, Scholastik.»

K: «‹Folge ihm abfangbereit.›»

O: «Das bin ich. Wir nähern uns der Grenze, mein Zielradar hat das Ziel im Visier, die selbstlenkenden Raketenköpfe sind darauf gerichtet, das heißt, ich bin feuerbereit.»

K: «‹1001 von Karneval. Azimut 45, Entfernung 60.›»

O: «Was das ist, weiß ich nicht.»

K: «Was bedeutet Karneval?»

O: «Weiß der Teufel!» (Es folgen Worte, die besser unge-
druckt bleiben.)

K: «‹Deputat beobachtet mich.›»

O: «Das ist die Bodenstation oder vielleicht von Schiffen.
Ich kenne keine ‹Deputats› oder ‹Karnevals›. Die sind alle
nicht von uns.»

K: «‹Deputat fragt: Können Sie das Ziel sehen?›»

O: «Das weiß ich nicht.»

K: «‹Beobachten Sie es?›, ‹Fragen Sie 805?›»

O: «805, das bin ich!»

K: «‹Wer ruft 805?›»

O: «Das frage ich. Wahrscheinlich kam mir die Stimme
fremd vor, da hat sich jemand in unseren Funkverkehr ein-
gemischt. Verstehen Sie, man muß wachsam sein, außer
uns können da ja auch noch andere sein, Ausländer können
uns auf russisch ansprechen. Darum müssen wir zurückfra-
gen, wer uns ruft; der muß mit einer vierstelligen Zahl antworten, einem speziellen Code. Wenn sie den Code nicht
kennen, antworten sie nicht. Dann ist klar, da war ein Fremder drin.»

K: «‹Positionslichter und Blinklichter sind eingeschaltet.›»

O: «Der Dispatcher hatte mich gefragt, ob die Blinklichter eingeschaltet sind. Ich hab gesagt, ja, sind sie. Die Positionslichter sind spezielle Navigationslichter. Die Blinklichter leuchten oben und unten auf. Das haben nur Zivilma-
schinen und Transporter.» (Eine weitere wichtige Stelle:
Noch einmal gibt Ossipowitsch zu, daß das Flugzeug die Er-
kennungslichter einer Zivilmaschine gehabt hat.)

K: «‹Verstanden. Ich habe siebeneinhalb, Kurs 230.›»

O: «Siebeneinhalb hatte ich nicht, vielleicht achteinhalbtausend Meter, das ist wohl die Flughöhe. Das haben sie durcheinandergebracht. Kurs 230, da hat die Boeing eine kleine Drehung gemacht und hat Kurs auf die Leitsignale von unserem Flugplatz genommen.»

K: «‹Nähere mich dem Ziel.›»

O: «Das bin ich.»

K: «‹Fliege hinter dem Ziel, Abstand 25. Können Sie mich sehen?›»

O: «Das bin ich nicht. Ich war in 13 Kilometer Entfernung. Das war die MiG 23. Die wurde vom Boden gerufen. Der Pilot hat dann verrückt gespielt und durch den Äther gebrüllt: ‹Ich beobachte einen Luftkampf!› Haben Sie so was auf Ihrem Band?»

K: «Nein. Hier geht's weiter: ‹Verdammt, ich bin schon dran, das Ziel ist schon erfaßt.›»

O: «Das bin ich, Ziel erfaßt heißt, die Raketensuchköpfe sind schon eingestellt, die Raketen auf das Ziel gerichtet, ich muß nur noch abdrücken.»

K: «‹Ich muß näher ran.›»

O: «Das weiß ich nicht mehr.»

K: «‹Schalte Zielerfassung aus, nähere mich.›»

O: «Das kann sein. Ich kann mich nicht dafür verbürgen, aber das kann sein. Wir nähern uns schon der Grenze, es wird hektisch. Kann sein, daß ich auch ein paar Einzelheiten vergessen habe.»

K: «‹Ja, ich nähere mich, nähere mich noch weiter.›»

O: «Kann sein, daß ich das gesagt habe.»

K: «‹Das Ziel fliegt mit Blinklicht. Bin schon ganz nah dran. Entfernung etwa zwei Kilometer.›»

O: «Ahhh. Hör mal, ist da nicht meine Meldung: ‹Ich beobachte das Ziel, was soll ich machen?› Hast du so was auf deinem Band?»

K: «Nein.»

O: «Schade.»

K: «Ich hab was anderes. ‹Meine Handlungsweise?› Aber das kommt etwas später.

O: «Das meine ich. Ich hatte ihn schon erfaßt, war schon bereit und frage, was ich tun soll.»

K: «‹Flughöhe des Ziels 10000.›»

O: «10000, ja, das war seine Flughöhe.»

K: «‹Ich beobachte beide, Entfernung 10 bis 15 Kilometer.›»

O: «Das war der hintere.»

K: «‹Meine Handlungsweise?›»

O: «Das frage ich.»

K: «‹Verstanden.› – ‹Ziel verringert die Geschwindigkeit.›»

O: «Da hab ich vom Boden den Befehl bekommen, den Angriff abzubrechen und ihn zur Landung zu zwingen. Ich bin auf gleiche Höhe mit der Boeing gestiegen und hab Schüsse parallel zu seiner Flugbahn abgegeben, damit er wußte, was los war, aber er hat die Geschwindigkeit gedrosselt.»

K: «Auf 400 Stundenkilometer?»

O: «Weniger. Ich hatte ja selber nur noch 450. Langsamer konnte ich nicht fliegen. Er hat mich gesehen, kein Zweifel! Als ich den Befehl gekriegt hatte, ihn zur Landung zu zwingen, hab ich mich vor ihn gesetzt und ihm Zeichen gegeben: Sie sind ein Grenzverletzer – wie es üblich ist. Er hat nicht reagiert. Ich hab den Boden gefragt: Was soll ich machen? Die Antwort war: Setz Waffen ein. Ich hab die Kanonen geladen und vor seiner Nase abgefeuert, dann noch drei Garben.»

K: «Aber die waren vielleicht nicht zu sehen, wenn's keine Leuchtspurmunition war?»

O: «Darum ja auch der ganze Lärm! Laut Vorschrift

47

müssen wir Leuchtspurmunition haben. Ich hatte aber keine. Nur Kampfmunition. [Ein entscheidender Hinweis, denn unsere Militärs haben hinterher immer behauptet, das koreanische Flugzeug sei mehrfach mit Leuchtspurgarben gewarnt worden.] Leuchtspurmunition wäre zu sehen gewesen. Die ist weit zu sehen, wie eine Zigarette im Dunkeln. Aber die hatte ich nicht. Nur Kampfmunition. Ich hab meine Garben selber nicht gesehen. Ich bin direkt daneben geflogen. Ich hab geschossen, dann gedreht und vor seiner Nase gefeuert.»

K: «Konnte er sehen, daß ein Flugzeug neben ihm flog?»

O: «Natürlich, er hat doch seine Geschwindigkeit gedrosselt. Das meine ich ja, er hat mich gesehen! Er wollte, daß ich wegflog. Er konnte sich mit 350 km/h halten, ich nicht, schon gar nicht in der Höhe! Das hat er mit Absicht gemacht, er hat mich gesehen.»

K: «‹Ziel verringert die Geschwindigkeit.›»

O: «Ja, das bin ich. Ich hänge nur noch, die Maschine schaukelt schon.»

K: «‹Ich fliege einen Bogen, bin schon vor dem Ziel.› Da haben Sie ihn schon überholt?»

O: «Natürlich. Er drosselte seine Geschwindigkeit, ich konnte nicht langsamer.»

K: «‹Er hat die Geschwindigkeit erhöht.› – ‹Nein, er drosselt sie.›»

O: «Das bin ich.»

K: «‹Das hätte früher passieren müssen. Die Entfernung ist zu kurz.›»

O: «So hab ich nicht geredet. Ich hab wild geflucht auf die Bodendienste. Ich hab den Dispatcher gefragt: Was soll ich machen? Und er sagt: Ziel vernichten. Darauf ich: Wie denn? [Er flucht heftig.] Ich hatte meinen Kampfsatz schon zur Hälfte verfeuert, 243 Schuß. Sollte ich ihn rammen?

**Ein Foto von Gennadi Ossipowitsch
aus dem Jahre 1983**

Das habe ich nie gemocht, obwohl ich erwogen hatte, mich auf ihn ‹draufzusetzen›. Aber wie sollte ich das bei der niedrigen Geschwindigkeit machen? Ich hielt mich doch gerade noch so. Um eine Rakete abzufeuern, braucht man mindestens fünf Kilometer Entfernung, damit die Rakete richtig fliegt, braucht sie eine Annäherungsgeschwindigkeit. Aber ich hing schlapp in der Luft. Und wir hatten Sachalin gleich hinter uns gelassen. Wie sollte ich ihn also vernichten? Was haben sie denn da noch, was sagt er weiter?»

K: «‹Seitlich vom Ziel.›»

O: «Ich war seitlich.»

K: «‹Ich muß mich jetzt ein bißchen hinter das Ziel zurückfallen lassen.›»

O: «Das war ganz anders. Ich sage doch, ich hab geflucht, den Bodendienst angebrüllt.»

K: «‹Wiederhole.›»

O: «Das hab ich nicht wiederholt.»

K: «‹Flughöhe des Ziels 10000.›»

O: «Ja, so ist es geflogen.»

K: «‹Position, jetzt ist es 70 Grad links von mir.›»

O: «Ich bin gesunken, bin eine Schlangenlinie geflogen, hab den Nachbrenner eingeschaltet und auf den Knopf gedrückt.» (Hier eilt Ossipowitsch den Ereignissen voraus, darum weicht seine Darstellung im weiteren vom Stenogramm ab.)

K: «‹Ich falle schon zurück. Jetzt versuch ich's mit einer Rakete.›»

O: «Das war ich.»

K: «‹Bis zum Ziel 12, ich sehe beide.›»

O: «Das war der hinter mir.»

K: «‹Rechte Kurve, Kurs 300.›»

O: «Das war's, ich hab ihn abgeschossen.»

K: «‹Führe Befehl aus.› – ‹Folge ihm abfangbereit.›»

O: «Das ist der hintere.»

K: «‹Drehe auf Kurs 30.›»

O: «Das bin ich, ich fliege nach Hause.»

K: «‹Nähere mich dem Ziel. Bin abfangbereit. Entfernung 8.›»

O: «Das ist wieder der, der konnte gar nicht richtig sehen...» (Erneut anhaltendes Fluchen.)

K: «‹Schon eingeschaltet.› – ‹Kurs 30.›»

O: «Das war ich.»

K: «‹Raketen startklar.›»

O: «Das ist die MiG 23.»

Der südkoreanische Flugkapitän Chun Byung In, der die Todesmaschine flog. Der Major a. D. war 45 Jahre alt und seit elf Jahren im Dienst der Korean Air Lines.

K: «‹Abgefeuert.›»

O: «Abgefeuert, das bin ich.»

K: «‹Ziel vernichtet.›»

O: «Ja, das bin ich. Ich hab gemeldet: Ziel vernichtet.»

K: «‹Ziehe mich vom Angriff zurück.›»

O: «Das bin ich. Ich hab gesehen, wie die Raketen explodiert sind, und Meldung gemacht. Die Wärmerakete hat sich in die linke Tragfläche gebohrt, das Triebwerk zerstört und die Tragfläche abgerissen. Die Funkrakete, das hab ich gesehen, ist unterm Schwanz explodiert und hat den Stabilisator und das Höhenruder zerstört. Die Maschine hat die Steuerung verloren. Alle Lichter gingen sofort aus.

Aber es müßte noch viel mehr Funkverkehr geben. Ich war ja nicht allein in der Luft, außer mir war noch meine Ablösung oben, dann die MiG 23 von Smirnych, und zwei MiG 23 B von Postowaja und Wanin [Flugplätze auf Sachalin und im Gebiet Chabarowsk]. Das war ein Chaos in der Luft! Ich weiß noch, ich hab gebrüllt: Hört auf zu quatschen, ich kann mich nicht mit dem Boden verständigen! Aber das haben Sie nicht auf Ihrem Band.

Insgesamt bin ich eine Stunde fünfzehn Minuten hinter ihm hergeflogen. Zweimal hab ich den Nachbrenner eingeschaltet, das erste Mal, als ich ihn eingeholt hatte. Wenn ich in dem Moment geschossen hätte, wäre er auf unserem Flugplatz abgestürzt, dann hätte es keine Konflikte gegeben. Und keinen Lärm. Vor allem: Ich war bereit, alles prima, wie im Film. Ich hab gefragt und gefragt: Was soll ich machen? Und die Antwort vom Boden war: Angriff abbrechen. An dem Unsinn ist Tretjak schuld, andererseits kann man ihn auch verstehen.»

VIER

Wer gab den Befehl?

Diese Frage wird in unserem Land in letzter Zeit oft gestellt, vor allem, wenn es um Ereignisse geht, an denen Militär beteiligt war. Nicht nur in Zeitungen, sondern auch im Kreml, vom Rednerpult der Abgeordneten aus, wird sie gestellt, um zu erfahren, was in Tbilissi und Baku passiert ist, wer für die Truppenkonzentration um Moskau im September 1990 verantwortlich ist, wer den Schießbefehl in Vilnius gab, wer in jener Nacht im August 1991, als in Moskau drei Demonstranten starben, die Panzer rollen ließ. Und in der Regel wird sie nicht klar beantwortet. In allen genannten und in vielen anderen Fällen gibt es niemanden, der die Schuld auf sich nähme.

Gelingt es uns, acht Jahre nach dem Abschuß der Passagiermaschine, den Urheber des Befehls «Ziel vernichten» zu finden?

«Nicht eine Sekunde lang habe ich daran gedacht, daß ich eine Passagiermaschine abschießen könnte», behauptet Ossipowitsch. «Alles, aber das nicht! Wie konnte ich annehmen, daß ich eine Boeing verfolgte? Erst als ich den Abschußknopf gedrückt hatte, sah ich, daß ich eine Maschine mit eingeschalteten Blinklichtern vor mir hatte... Die erste Rakete hat die halbe linke Tragfläche abgerissen. Es gab eine gelbe Stichflamme. Die zweite Rakete ist unterm Heck

explodiert. Sofort erloschen alle Lichter und Blinklichter.»
Er erzählt weiter:

«Auf dem Rückflug habe ich auf meine Instrumente gesehen. Die Tankreserveleuchte brannte schon. Der Treibstoff reichte nur noch für zehn Minuten. Bis zu meinem Flugplatz hatte ich noch 150 Kilometer zu fliegen. Als ich ihn endlich erreicht hatte, war er in Nebel gehüllt. Irgendwie bin ich trotzdem gelandet...

Ich wurde empfangen wie ein Held. Vom ganzen Regiment! Die Jungs waren ganz neidisch. Die Alten umlagerten mich gleich: Dafür mußt du einen ausgeben! Ich weiß noch, der Regimentsingenieur hat mich umarmt, mir die Hand geschüttelt und geschrien: ‹Alles hat funktioniert, prima!› Kurzum, nichts als Jubel. Schließlich wird nicht jeden Tag ein Eindringling runtergeholt. Trotzdem hatte ich schon ein komisches Gefühl, als ich wieder auf dem Boden war. Als der Divisionskommandeur anrief, hab ich für alle Fälle gefragt, ob ich auch keinen von uns erwischt hatte.

‹Nein›, hat er geantwortet. ‹Einen Ausländer. Du kannst schon mal neue Löcher in deine Schulterklappen bohren.›

Das war am Morgen des 1. September.

Dann begann das Unvorstellbare. Eine Kommission kam. Alle sahen mich plötzlich an wie einen Schweinehund. Außer den Jungs im Regiment natürlich. ‹Hast du gewußt, daß 260 Passagiere an Bord waren?› wurde ich gefragt.

Die Frage bekam ich später noch oft zu hören. Immer wieder habe ich mir die Situation damals ins Gedächtnis gerufen. Und ich kann ganz ehrlich sagen: Mir ist nicht ein einziges Mal der Gedanke gekommen, daß vor mir eine Passagiermaschine fliegen könnte. Ich sah einen Grenzverletzer, der auf Befehl zu vernichten war. Während meines Dienstes war ich oft auf Abfangflug gewesen, ich hatte von einer solchen Situation geträumt. Ich wußte, wenn ein

Grenzverletzer auftaucht, würde ich ihn nicht entwischen lassen. Ein paar Jahre vorher hatte ich sogar mal einen Traum, der so ähnlich war wie das, was ich dann ich Wirklichkeit erlebte. Den Eindringling nicht entkommen lassen, das ist, wenn Sie so wollen, das Wesen eines Abfangjägers.

Alle Gespräche über eine Passagiermaschine kamen später. In der Luft war ein Grenzverletzer. Ich erinnere mich Wort für Wort an meine Funksprüche. Sie kennen sie ja selbst. Darin ist auch nicht ein Hinweis darauf, daß in dem Flugzeug Passagiere sitzen könnten.»

Ossipowitsch ereifert sich, ist überzeugt von dem, was er sagt. Ist dieses Verhalten auf das erwähnte psychologische Moment zurückzuführen? Denn die Fakten, die der Pilot selbst erwähnt, stimmen nicht ganz mit den Schlüssen überein, die er daraus zieht. Und neben all diesen Fakten bleibt auch das Geständnis, das er uns in unserer Wohnung beim Essen machte: Er hatte nicht nur die Blinklichter gesehen, sondern auch zwei Fensterreihen...

«Trotzdem hatten Sie anschließend Probleme.»

«Rückversicherer gibt es bei uns mehr als genug. Die Armee ist da keine Ausnahme. Und dann so ein Skandal! Aus der Erfahrung der letzten Jahre wußte ich, wenn unter Chruschtschow ein Pilot eine amerikanische RB 47 abgeschossen hatte, wurde er erst mal eingesperrt. Und erst wieder rausgelassen, wenn alles geklärt war.

Auch diesmal warteten meine Natschalniks auf eine Entscheidung der Regierung. Ich war also auf alles vorbereitet. Aber bald rief Verteidigungsminister Ustinow an, und plötzlich waren alle wieder freundlich zu mir. Kurz danach kamen Reporter vom zentralen Fernsehen. Stinksauer, weil sie nach Kuba hatten fliegen sollen, und nun war ich mit meiner Boeing ihnen dazwischengekommen.

Ich hab ‹von oben› ein Libretto gekriegt, einen Text, den

ich vor der Kamera vertonen sollte. Ich hab angefangen vorzulesen.

Aber einer der Fernsehleute, der Kommentator Alexander Tichomirow, hat die Stirn gerunzelt und gesagt, so geht das nicht. Ich solle improvisieren.

Ich bat um eine Pause. Ging zu den Technikern. Hab einen Wodka getrunken. Und dann habe ich drauflosgeredet, über die Friedensstunde, über die Atombombe... Das würde ich jetzt nicht mehr so glatt hinkriegen.

Dann sollte ich versetzt werden. [Für diese Versetzung wird eine Erklärung angeboten: Auf Sachalin leben ziemlich viele Koreaner, einige zehntausend. Diese bedrohten nach dem Abschuß angeblich das Leben des Oberstleutnants. Die Angst vor Unruhen unter der Bevölkerung habe, so hieß es, den stellvertretenden Regimentskommandeur bewogen, Gennadi Ossipowitsch und seine Familie von der Insel zu bringen. Heute fällt es schwer, diese Version zu glauben.] Ich bat, mich dorthin zu versetzen, wo ich meinen Flugdienst begonnen und wo ich auch geheiratet hatte. Dort kannten mich alle, und ich kannte viele. Der Oberkommandierende der Luftwaffe stellte mir sein Flugzeug zur Verfügung, und ich flog wie ein Fürst quer über das ganze Land zu meinem neuen Dienstort nach Südrußland.

Als ich ankam, gab's dort große Aufregung, alle wollten mit mir reden. Jetzt ist alles ruhig, aber damals... Sogar Spottverse haben sie auf mich gemacht. Aber insgesamt hat mir die Boeing im Leben sehr genützt. Ich hab eine Wohnung gekriegt und vieles andere. Einmal komme ich zu dem Natschalnik, der die Telefone vergibt. Ich leg ihm meinen Antrag auf den Tisch, und er sagt zu mir: ‹Du kommst wohl vom Mond? Bei uns gibt's eine Warteliste für fünf Jahre im voraus!›

Und plötzlich besinnt er sich: ‹Wart mal, wer bist du

denn? Etwa der? Bring morgen das Geld, du kriegst dein Telefon.›

Dann hat während eines Überführungsfluges vom Werk bei einem Jäger das Triebwerk ausgesetzt. Ich flog über einem Munitionslager, konnte gerade noch abdrehen. Aber zum Katapultieren war ich schon sehr tief. Da hat die Wirbelsäule was abgekriegt. Fast ein Jahr lang haben mir die Füße wehgetan, so stark war der Aufprall gewesen. Danach konnte ich nicht mehr fliegen. Aber was sollte ich dann anfangen? Irgendwo vielleicht als Lagerverwalter zu arbeiten, das liegt mir nicht. Darum hab ich um meine Entlassung in die Reserve gebeten, meine Dienstjahre hatte ich zum Glück beisammen. Leute, die nichts vom Fliegen verstehen, begreifen meinen Entschluß nicht, lachen mich aus und sagen: Mann, so gesund, wie du aussiehst...

Nach der Geschichte mit der Boeing habe ich mich gewundert, wie unsolide doch so manch hoher Natschalnik ist. Im großen und ganzen bin ich heute noch überzeugt, daß wir damals im Recht waren. Zweieinhalb Stunden lang befand sich ein fremdes Flugzeug in unserem Luftraum, auf einer Strecke von über zweitausend Kilometern. Alle ausländischen Dispatcherdienste schwiegen sich aus. Was sollten wir in dieser Situation tun? Die Hände in den Schoß legen? Der Abschuß war berechtigt.

Später haben wir allerdings in Details angefangen zu lügen: Das Flugzeug sei ohne Positions- und Blinklichter geflogen, die Warnschüsse seien mit Leuchtspurmunition abgegeben worden, und ich hätte versucht, mit ihnen auf der Notruffrequenz 121,5 Megahertz Funkkontakt aufzunehmen. Dazu hatte ich doch gar keine Zeit! Verstehen Sie, um auf dieser Frequenz zu funken, hätte ich sie einstellen müssen, das heißt, ich hätte den Kontakt zum Boden verloren. Wir wollten, glaub ich, in dieser Geschichte unbedingt eine

gute Figur machen, und dabei haben wir ein bißchen übertrieben.

Was mich angeht, ich habe bis zum Schluß meine Pflicht
erfüllt. Wenn ich noch einmal in die gleiche Situation käme
– ich rede natürlich nicht von einer Passagiermaschine, sondern von einem Spionageflugzeug –, würde ich alles tun, um
den Flug zu unterbinden. So bin ich erzogen, das habe ich
mein ganzes Leben lang gelernt. Und Sie können mir glauben, das ist keine Prahlerei.»

Fest davon überzeugt, daß er bis zum Schluß seine Pflicht
erfüllt hat, züchtet der pensionierte Pilot Ossipowitsch, ein
Mann in der Blüte seines Lebens und ein guter Familienva-
ter, nahe einer sonnigen Stadt im Süden Hühner und baut
Erdbeeren an. Die Frage, wer ihm den Befehl zum Abschuß
des Eindringlings gegeben hat, stellten wir ihm mehrfach.
Wir bekamen unterschiedliche Antworten darauf.

Die erste Variante: «Alle waren durcheinander und in
Hektik. Der Divisionskommandeur Kornukow hat die Ent-
scheidung getroffen. Er ist mein Freund, wir haben in einer
Staffel gedient. Er war im Befehlsstand der Division. Tretjak
saß ja in Chabarowsk. Aber Tretjak handelte im Auftrag
Moskaus, der Zentralen Befehlsstelle der Luftverteidigung.
Während Tretjak Kornukow angewiesen hat, wir sollen die
eingedrungene Maschine begleiten und beobachten, hat
Kornukow selbst die Entscheidung getroffen. Sachalin ist ja
nicht groß, und er wäre gleich wieder außerhalb unserer
Grenzen gewesen! Kornukow ist in Ordnung, wir sind auch
Parteigenossen. Auf dieses Flugzeug haben wir zusammen
an die sechs Flaschen Kognak gekippt. Er wurde zum Generalleutnant befördert, kommandiert jetzt ein Korps, was
kann ihm noch passieren? Er hat mit diesem Flugzeug Karriere gemacht. Alle haben sie damit Karriere gemacht.»

Die andere Version von Ossipowitsch entstand nach dem Besuch des KGB-Mannes: «Unser Dienstsystem sieht so aus: Die Befehlsstelle des Geschwaders und des funktechnischen Regiments sitzen zusammen. Darüber steht die Befehlsstelle des Verbands [der Division oder des Korps], dann kommt der Militärbezirk oder die Armee. Wenn sich in unserem Bereich ein Ziel bewegt – angenommen, ein Flugzeug startet von Hokkaido –, geht die Meldung nach dieser Befehlskette bis zum Stab des Militärbezirks in Chabarowsk, die setzen sich dann mit Moskau in Verbindung, mit der Zentralen Kommandostelle. Das war auch am 1. September 1983 so. Aber bis die Natschalniks alle geweckt waren – es war ja Nacht, alle schliefen –, verging die Zeit. Trotzdem war die Entscheidung über die Vernichtung des Flugzeugs abgestimmt. Auf jeden Fall! Wer hätte sonst eine solche Verantwortung auf sich genommen?»

Nach der ersten Version des Piloten hatte also Divisionskommandeur Kornukow auf Sachalin die Entscheidung getroffen. Nach der zweiten hatte General Tretjak die Entscheidung aus Moskau an die SU 15 weitergegeben.

Ein Anruf bei der *Iswestija*. Jemand stellt sich als Semjon Iwanowitsch vor. Der Anrufer, offenbar ein Militär, gibt uns fragmentarische Informationen und Ratschläge, wie wir unsere Untersuchung fortsetzen sollen:

«Wer hat die Entscheidung über die Boeing getroffen und warum? Die Leute waren äußerst gereizt, nach den Grenzverletzungen im April hatte es Vorwürfe vom Verteidigungsministerium gehagelt. In Kamtschatka, wo die Maschine zum erstenmal den Luftraum verletzt hatte, löste sie einen Schock aus. Dort wurde ein Flugzeug gestartet, aber das verfehlte den Eindringling. Auch den Fla-Raketentruppen war die Boeing entwischt. Doch über Kamtschatka hatte

**Gennadi Ossipowitsch (Mitte) mit Kameraden auf dem Flugplatz
Sokol (Sachalin)**

sie sich nur ganz kurze Zeit in deren Reichweite befunden, etwa vier Sekunden! Die restliche Zeit war sie von Vulkanen verdeckt. Die Flugroute der Boeing war kein Zufall, ihr Kommandant war überzeugt, daß er sie im Schutz der Dunkelheit fortsetzen konnte.

Sie sollten zu erfahren versuchen, was auf den Bändern gelöscht wurde. Warum hat Ossipowitsch die Maschine über eine Stunde lang verfolgt, ohne das Feuer zu eröffnen? Weil seine Meldungen weitergeleitet wurden, nach oben. Von dort konnte nur *ein* Kommando kommen: Die Maschine identifizieren. Und vernichten, wenn es sich um ein Kampfflugzeug handelt. Vernichtet werden ausschließlich Kampfflugzeuge! Wer hat also die Entscheidung getroffen? Von den übergeordneten Kommandostellen niemand, daran erinnere ich mich genau! Tretjak drückte sich vor der Entscheidung. Kurz vor dem Verschwinden der Boeing aus unserem Luftraum hat einer meiner Untergebenen auf Sachalin die Entscheidung getroffen. Daß es sich um eine Passagiermaschine gehandelt hatte, erfuhren sie erst am nächsten Tag. 24 Stunden lang bangten sie, was nun passieren würde. Würden sie vor Gericht gestellt oder ausgezeichnet? Ihre Rettung war, daß Ogarkow alles auf sich genommen hat.»

Dazu Valeri Winogradow, ehemaliger Stabschef des Luftverteidigungskorps:

«Ich kann nicht ohne Erschütterung an den 1. September 1983 denken, als im Fernen Osten unter Führung des Oberkommandierenden, Armeegeneral Tretjak, eine ‹Luftverteidigungsoperation› zur Vernichtung einer koreanischen Passagiermaschine mit einer großen Anzahl von Passagieren an Bord durchgeführt wurde. Das war meiner Ansicht nach einer der schwärzesten Tage für die Luftverteidigungstruppen.

Ich denke, diese unüberlegte und sinnlose Aktion entstand durch das willkürlich geschaffene [reorganisierte] System der Luftverteidigung unter persönlicher Führung des damaligen Generalstabschefs Marschall Ogarkow in den Militärbezirken entlang der Grenze. Ogarkows Experiment, das zum weiteren ‹Zerfall› des einheitlichen Luftverteidigungssystems beitrug, wurde unterstützt vom Ersten Stellvertreter des Generalstabschefs, S. Achromejew, von den Chefs der Militärbezirke, A. Majorow und S. Postnikow, anderen Vertretern der höheren Führung und einer Gruppe von Speichelleckern im Generalstab, bei den Luftstreitkräften und sogar den Luftverteidigungstruppen.

Ich habe fast mein ganzes Leben lang gedient und kann mit absoluter Sicherheit behaupten: Eine Passagier-Boeing mit dem Aufklärungsflugzeug RC 135 zu ‹verwechseln›, ist unmöglich! Ich denke, wenn wir die Wahrheit über die Tragödie wissen wollen, müssen wir N. Ogarkow, S. Achromejew und I. Tretjak fragen – sie wissen alles darüber. Und wenn sie ein Gewissen haben (dieser Begriff ist in der Armee ausgerottet worden), sollten sie sich vor der ganzen Welt entschuldigen.»

Nun einige sehr ausführliche, aber für uns ebenso wichtige Überlegungen, die uns Reserveoberst Jewgeni Dmitrijew in einem Brief mitteilte.

«Was glauben Sie in offiziellen Quellen zu finden, Antwort auf welche Fragen? Die Hauptfrage ist meiner Ansicht nach, ob die sowjetischen Piloten gewußt haben, daß die Maschine einer zivilen Luftfahrtgesellschaft gehörte und Passagiere an Bord hatte. Ich bin sicher, daß die Ex-

perten der Luftverteidigung den Flugzeugtyp richtig identifiziert hatten, Zeit genug war dafür. Aber niemand
konnte unseren Militärs mit Sicherheit sagen, daß Passagiere an Bord waren. Das hätten diejenigen tun müssen,
die für den Flug der Maschine gesorgt hatten, die Amerikaner. Vielleicht macht dieser Umstand die ganze Prozedur
des Bekennens unserer Fehler so heikel. Daß Flugzeuge
dieses Typs zu Aufklärungszwecken genutzt werden können, ist bekannt.

Man muß offen und ehrlich sagen: Ohne jede Einschrän-
kung ist klar, daß die Sowjetunion einen tragischen Fehler
gemacht hat. Doch sie kann nicht die gesamte Verantwortung allein auf sich nehmen. Das Bekenntnis der UdSSR
allein genügt nicht, um einen Schlußstrich unter die Tragödie zu ziehen. Auch die USA und ihre Geheimdienste müssen ein solches Bekenntnis ablegen. Nicht von ungefähr
verzögern die Bundesbehörde der Luftstreitkräfte und das
State Department die Antwort auf die Anfragen der eigenen
Senatoren! Ich finde, wir haben keinen Grund, uns Asche
aufs Haupt zu streuen und unser Land zu erniedrigen, womit wir uns ja in letzter Zeit so hervortun.

Weil ich 1983 mit den Luftverteidigungstruppen zu tun
hatte, habe ich mich von Anfang an für diesen rätselhaften
Vorfall interessiert, darum möchte ich Ihnen meine Meinung zu den Ursachen der Tragödie darlegen.

Ja, die Haltung unserer offiziellen Kreise war damals keineswegs tadellos und prinzipientreu. Angefangen mit der
TASS-Meldung vom 3. September 1983, in der es unter anderem hieß: ‹Das eingedrungene Flugzeug reagierte nicht
auf die Signale und Warnungen der sowjetischen Abfangjäger und setzte seinen Flug in Richtung auf das Japanische
Meer fort.› In der TASS–Meldung vom 4. September hieß es
bereits: ‹Über Sachalin gab ein sowjetisches Flugzeug par-

allel zur Flugroute des Eindringlings Warnschüsse mit Leuchtspurmunition ab. Kurz darauf verließ der Eindringling den sowjetischen Luftraum und setzte seinen Flug in Richtung auf das Japanische Meer fort.›

Erst in der Regierungserklärung vom 8. September gaben wir zu: ‹...der Abfangjäger der Luftverteidigung führte den Befehl der Befehlsstelle aus, den Flug zu unterbinden.›

Die Tatsache war unumstößlich, das Flugzeug war abgeschossen worden. Aber ich kann mir gut erklären, wie diese widersprüchlichen Meldungen zustande kamen. Der Vorfall hatte sich im Fernen Osten ereignet, die offiziellen Meldungen kommen aus Moskau. Schließlich würde niemand den Bericht eines Geschwaderkommandeurs als offizielle Meldung veröffentlichen, und wenn er noch so wahr wäre! Solange hochrangige Kommissionen in Moskau nicht ihren Bericht verfaßt haben, der dann im Verteidigungsministerium und im Außenministerium noch einmal ‹frisiert› wird, ist keine offizielle Meldung zu erwarten. Darüber vergingen acht Tage.

Bei der Analyse dieses ernsten internationalen Zwischenfalls dürfen wir uns nicht auf militärtechnische Aspekte beschränken. Wir müssen die politische Atmosphäre berücksichtigen, die 1983 in unserem Land und in der ganzen Welt herrschte.

Die USA, die in Juri Andropow einen klugen und entschlossenen Politiker an der Spitze der UdSSR sahen, hatten keinerlei Interesse an den positiven Veränderungen im Land, die sich damals bereits abzeichneten und die sich natürlich auch auf die internationale Situation der UdSSR auswirken mußten, und sie hatten schon gar kein Interesse an einer weiteren Festigung der militärischen Stärke der Sowjetunion. Ein Politiker wie Andropow paßte ihnen nicht. Die UdSSR veränderte sich vor ihren Augen. Sie gewann international an Einfluß, machte den Mächtigen der Welt keine Zugeständnisse. Es entstanden günstige Bedingungen für einen gleichberechtigten Dialog. In dieser Situation häuften sich die Verletzungen unseres Luftraums durch die Amerikaner. Besonders im Fernen Osten. Eine Folge davon war eine Reihe von Befehlen des Chefs der Luftverteidigung, in denen es unmißverständlich hieß: Alle Provokationen sind entschieden zu unterbinden. Luftraumverletzungen hatte es auch früher schon gegeben. 1978 war eine Boeing 707 derselben koreanischen Fluggesellschaft KAL angeblich ‹vom Kurs abgekommen› und von sowjetischen Jägern zur Landung auf der Halbinsel Kola gezwungen worden.

Ein derartig entschlossenes Handeln brachte den Militärs allerdings nicht immer Auszeichnungen ein. Häufiger hatten sie mit großen Unannehmlichkeiten zu rechnen. Besonders in den letzten Jahren unter Breshnew.

Praktisch alle Richtlinien zum Dienst der Luftverteidigung waren so abgefaßt, daß schwer zu verstehen war, wann entschieden gehandelt, wann Waffen eingesetzt werden sollten. Jeder mögliche Fall war mit einem Staketenzaun von Sonderbestimmungen und Einschränkungen versehen, und jede Initiative war in der Regel strafbar. Die Offiziere witzelten unter sich: ‹Die Unbeteiligten auszeichnen, die Unschuldigen bestrafen.› Das wurde zum Beispiel im Mai 1987 bei der Landung des von Mathias Rust gesteuerten Flugzeugs in Moskau besonders deutlich.

Doch seitdem Andropow die Macht hatte [er wurde im November 1982 Generalsekretär des KPdSU], handelten alle Glieder der Militärverwaltung entschiedener. Der Historiker und Politologe Roy Medwedjew meint dazu: Mit Andropows Machtübernahme änderte sich nicht nur der Arbeitsstil, sondern auch das Wesen. Worte wie ‹Disziplin› oder gar ‹strengste Disziplin› waren immer häufiger zu hören. Das konnte nicht ohne Auswirkung auf die Streitkräfte bleiben.

Als es zu einer erneuten Verletzung des Luftraums der UdSSR kam, handelten die Luftverteidigungstruppen entschieden, sachkundig und mit ausreichender Toleranz gegenüber dem Verletzer. Ja, die Frage, ob ernsthafte Mittel angewandt werden sollten, wurde lange erwogen. Dabei ist zu berücksichtigen, daß eine derartige Entscheidung kaum vom Natschalnik am Ort des Geschehens getroffen werden konnte. Die Gespräche zwischen dem Fernen Osten und der Zentrale [Moskau] waren wohl langwierig. Das wichtigste Argument für den Abschuß waren m. E. die wiederholten Grenzverletzungen in diesem Gebiet. Deshalb mußte entschieden gehandelt werden – zumal die USA in dieser Zeit großes Interesse für den Raum Kamtschatka zeigten. Die Geschichte lehrt, daß die USA, wenn es um Aufklärung ging, oft nicht sehr korrekt handelten. Das beweist zum Beispiel das Vorgehen der Seestreitkräfte der USA bei der Provokation vor der Küste der Krim im März 1986. Auch das hätte schlimme Folgen haben können! Es erhebt sich die Frage, ob die USA nicht zu oft Fehler begehen und unsere Geduld auf die Probe stellen.

Ein paar Worte zu Andrej Illeschs Haltung. Er klagt, in der Sowjetunion sei vieles den Journalisten unzugänglich, unsere Behörden neigten nicht zu Offenheit gegenüber Reportern und ließen viele Fragen unbeantwortet, lieferten keine Beweise dafür, daß sie rechtmäßig handelten, oder wollten nicht zugeben, wenn sie im Unrecht seien usw. usf.

Ich glaube nicht, daß Reporter immer und überall sämtliche Einzelheiten wissen müssen. Auch Perestroika und Demokratie machen militärische und Staatsgeheimnisse nicht überflüssig. Und Offenheit eines Militärs bleibt nicht immer ungestraft. Die offenen Äußerungen des Chefs der amerikanischen Luftstreitkräfte über geplante Operationen am Persischen Golf kosteten ihn seinen Posten, und massenhafte Proteste von Journalisten zu seiner Verteidigung blieben aus...»

Wir wollen nicht Oberst Dmitrijew als Vehikel zur Polemik mißbrauchen. Wir wollen nur zeigen, wie schwer das Denken der Militärs zu reformieren ist. Selbst bei Ruheständlern. Die Ehre der Uniform, das sind nicht nur Worte, dahinter steht die eiserne Haltung, offensichtliche Tatsachen nicht wahrhaben zu wollen. Eine offensichtliche Tatsache ist doch: Über Sachalin haben sowjetische Militärs 269 unschuldige Menschen getötet. Ist das ein Verbrechen? Eine Kette tragischer Irrtümer? Eines ist sicher: Es wurden Raketen abgefeuert! Wer von hohen internationalen Tribünen aus die Priorität menschlicher Werte beschwört, muß sich auch auf dem Territorium des eigenen Landes daran halten. Auch gegen die Militärbosse und die Chefs der allmächtigen Geheimdienste.

Übrigens enthält der Brief von Jewgeni Dmitrijew ja nicht nur Ablehnung. Unbeabsichtigt enthüllt er den Mechanismus prinzipieller Entscheidungen, die von Militärs getroffen werden. Es wird sofort deutlich, wie unvollkommen dieser Mechanismus ist, wie oft er versagen kann und wie die obersten Chefs dieses Versagen durch allumfassende Lügen decken! Und wenn Hamlet seinerzeit behauptet hat: ‹Etwas ist faul im Staate Dänemark›, so enthüllen wir kein Geheimnis, wenn wir sagen: Es ist längst nicht alles in Ordnung in der größten Armee der Welt. Zum Beispiel bei ihrer Luftverteidigung.

Es war wohl wirklich so: Der tragische Zwischenfall, der zum Abschuß einer Passagiermaschine geführt hat, zeugt vom Versagen des gesamten Systems unserer Luftverteidigung. Nicht ohne Grund erwähnt der Verfasser dieses Briefes auch die Landung von Rust auf dem Roten Platz im Mai 1987 als einen Fall kläglichen Versagens. Es ist wohl tatsächlich wenig wahrscheinlich, daß der unmittelbare Befehl «Ziel vernichten» von den mitten in der Nacht geweckten Moskauer Marschällen gegeben wurde. Viel wahrscheinlicher ist, daß Ossipowitschs «erfolgreiche» Aktion das Ergebnis der Verhandlungen zwischen zwei, wie er selbst sagt, «alten Parteigenossen» und Geschwaderkameraden war, nämlich zwischen ihm und Divisionskommandeur Kornukow. Ossipowitsch hatte das Gefühl, an einem richtigen Kampf beteiligt zu sein, und fürchtete, der «Feind» könnte der Strafe entgehen, fürchtete, seine «Sternstunde» zu verpassen, auf die er, wie er selbst sagt, durch sein ganzes Leben und seine Ausbildung vorbereitet war.

Ähnliche Gefühle mochten wohl Kornukow bewegt haben; nach den Verweisen und Rüffeln für entkommene Aufklärungsflugzeuge war er zur äußersten Entscheidung bereit. Und Moskau mußte nachträglich die Verantwortung auf sich nehmen. Einen Fehler der örtlichen Luftverteidigung einzugestehen, wäre einem Eingeständnis der Unfähigkeit unseres gesamten Verteidigungssystems gleichgekommen.

Der Pilot aber mußte in jedem Fall verschwinden, das wurde Ossipowitsch schon am 3. September mitgeteilt, als die Untersuchungskommission aus Moskau auf Sachalin eintraf. Am 4. September flog er mit der Kommission nach Chabarowsk. Am 5. wurde sein Fernsehinterview aufgezeichnet, am Nachmittag des 6. September wurde ihm mitgeteilt: Morgen steht ein Flugzeug für dich bereit. Ossipowitsch konnte nicht einmal mehr packen; am 7. September flog er mit einer Maschine, die der Oberkommandierende der Luftstreitkräfte ihm und seiner Familie zur Verfügung gestellt hatte, quer über das ganze Land zu seinem neuen Einsatzort.

Ohne so recht an diese Version zu glauben, sagt er, er sei von Sachalin weggebracht worden, weil es dort viele aufgebrachte Koreaner gebe, man habe Angst um sein Leben gehabt.

Vermutlich fürchteten die Natschalniks mit den vielen Sternen auf den Schulterklappen etwas ganz anderes: überflüssige Bemerkungen an einem Tisch voller geleerter Flaschen.

FÜNF

Zehn Minuten Angst – eine Verfälschung?

Einer der ersten Zeitungsberichte über den Absturz der KAL 007 endet mit den Worten: «Nach Aussage von Experten dauerte der Absturz des abgeschossenen Flugzeugs aus dieser Höhe mindestens zehn Minuten.»

Zehn Minuten. Diese Zeit gibt sowohl die sowjetische als auch die amerikanische Seite an. Bei den erwähnten Experten handelte es sich um Amerikaner.

Auch in unseren Quellen, in den Erinnerungen von Augenzeugen der Suche nach der Boeing und in Aussagen von Militärs, war immer von zehn Minuten die Rede. Wir haben sie als gegeben hingenommen, ohne sie weiter zu hinterfragen. Es ist nicht Sache von Journalisten, sich in die Diskussion von Experten einzumischen, die diese Zeit, wie wir vermuteten, errechnet hatten.

Dennoch – irgendwann kamen uns Zweifel.

Als Michail uns anrief, überlegten wir am Ende gemeinsam, wie wir ihn vorstellen sollten, ohne seine Identität zu verraten. Wir kamen überein, ihn als «Ingenieur mit Erfahrungen in der Luftverteidigung» zu zitieren. Michails Überlegungen waren für uns sehr interessant:

«Nach Ossipowitschs Aussage war eine Tragfläche des Flugzeugs abgerissen und das Heck zerstört. Es stürzte aus zehn Kilometern Höhe ab. Eine derartig zerstörte Maschine konnte nicht mehr gesteuert werden. Auch ihr sofortiges Verschwinden vom Radarschirm bestätigt meine Annahme, die Fallzeit hat ganze 45 Sekunden betragen. Das ergibt sich durch eine simple physikalische Berechnung.

Selbst wenn die Maschine noch steuerbar gewesen wäre, was ich für ausgeschlossen halte, wäre sie höchstens fünf, sechs Minuten gefallen. In dieser Situation muß der Rumpf dehermetisiert worden sein, zerborsten, und die Passagiere sind während des Absturzes hinausgeschleudert worden.

Die zehn Minuten sind eine Erfindung der Amerikaner zur Erzeugung eines psychologischen Effekts: Stellen Sie sich vor, was die 269 Menschen in den letzten Minuten ihres Lebens bei vollem Bewußtsein durchgemacht haben! Das Bild der sowjetischen Mörder ergibt sich daraus ganz von selbst.

Ich denke, das Flugzeug ist mit einem Winkel von 45 Grad ins Wasser gestürzt. Schon in der Luft war es zerborsten. Solche Fälle sind bekannt, die Passagiere werden von einem gewaltigen Sog aus der Maschine geschleudert. Sie werden von Druckwellen abwechselnd in ihre Sitze gepreßt und nach vorn geworfen. An die Benutzung von Rettungsgerät oder auch nur an Anschnallen ist nicht zu denken. Außerdem war ja das Licht aus! Die Passagiere stürzten auf einer relativ großen Fläche verteilt ins Meer – die Maschine war ja doch noch einige Kilometer weitergeflogen. Sie wurden nicht alle gleichzeitig rausgeschleudert, sondern nacheinander.

Seltsam, daß niemand sich die Mühe gemacht hat, diesem Rätsel mit einer schlichten Schulformel beizukommen. Ich habe mich nicht speziell mit der Boeing beschäftigt. Aber als ich Ihre Berichte gelesen hatte, war mir klar: die zehn Minuten sind eine Erfindung. Auch eine Dehermetisierung konnte nicht ausbleiben. Das folgt aus der Aussage des Piloten, er habe das Licht erlöschen sehen – mit anderen Worten: die Kabel waren beschädigt. Außerdem hatte er gesehen, daß das Heck zerstört war.»

Ein weiterer Fachmann, Viktor Kabanow, meldete sich bei uns in der Redaktion und bot uns Filmaufnahmen an. Er hatte zwei Jahre nach dem Unglück Luftaufnahmen von dem mit Bojen gekennzeichneten Absturzort und der Insel Moneron gemacht. Der Film war leider kaum zu verwenden, aber Viktor war für uns ein unschätzbarer Partner. Er hat eine Fliegerschule absolviert und fliegt seit 1968. Zur Zeit ist er Flugkapitän einer JAK 40.

Das winzige Zimmer in seiner Kommunalwohnung, in der noch andere Familien leben, ist mit Schränken vollgestellt, darin findet sich alles über Flugzeuge. Reihenweise stehen dort selbstgebastelte Flugzeugmodelle. Außerdem Bildbände, Zeitschriften, Mappen mit Zeitungsausschnitten. Kurz, Material über Flugmaschinen aller Art.

«1985 flog ich im Auftrag der wissenschaftlichen Forschungsflotte im Pazifikraum», erinnert er sich. «Die Jungs, mit denen ich da gearbeitet habe, boten mir eines Tages an, mir zu zeigen, wo nach der Boeing gesucht worden war. Das war hier, südwestlich der Insel Moneron. Dort schwamm sogar eine Boje. Die Männer, die sie mir zeigten, hatten 1983 selbst an der Suche nach dem Flugzeug teilgenommen. Ich habe mir den Ort in die Karte eingetragen. Er liegt in neutralen Gewässern, sechsundzwanzig Kilometer vor der Insel, siebzig Kilometer von Sachalin, fast hundert Kilometer von Newelsk entfernt.

Die Männer erzählten mir, der Flugschreiber sei von Tauchern praktisch sofort gefunden worden, das Flugzeug habe in geringer Tiefe gelegen. Später hätten zwei große Minenräumboote der Marine die Boeing mit Trossen zu einer tieferen Stelle gezogen. Das habe ich von verschiedenen Leuten gehört. Sie hätten sie nicht weit gezogen, vielleicht fünfhundert Meter, und sie in der Tiefe verschwinden lassen. [Ist so etwas möglich? Wir werden uns mit dieser Version später noch befassen.]

Ich behaupte, die Boeing kann unmöglich zehn Minuten lang gefallen sein. Wie konnte man das überhaupt so genau ausrechnen, solange noch nicht klar war, wo sie von den Raketen getroffen worden war? Ossipowitsch sagt, eine Rakete habe das Heck beschädigt, die andere sei ins Triebwerk eingedrungen. Anders konnte es auch nicht sein; die Infrarotrakete reagiert auf Wärme, sie steuert auf das Triebwerk, die zweite Rakete der Suchoi 15 ist radargesteuert, sie richtet sich auf die Stelle mit dem stärksten Echo. Das ist der Flugzeugrumpf, der bei dieser Maschine ziemlich groß ist.

Hier, das ist die Suchoi 15 in voller Schönheit, und hier sind die beiden Raketen aufgehängt. [Viktor zeigte uns einen Bildband über das Jagdflugzeug.]

Eine Rakete hatte also die Höhenflosse und das Rudergestänge getroffen. Die zweite hatte einen Teil einer Tragfläche abgerissen. Die Boeing 747 ist eine statisch stabile Maschine, während des Fluges ist die Höhenflosse abgeklappt, um die Spitze zu stützen. Wenn eine Rakete das Heck beschädigt und das Gestänge zerstört oder auch nur bewegungsunfähig macht, senkt sich die Spitze nach unten. Selbst wenn das Heck nicht zerstört worden, sondern nur das Gestänge verklemmt gewesen wäre, hätte sich die Spitze unweigerlich geneigt, zumal ja eine Tragfläche teilweise abgerissen war. Dadurch wirkt auf eine Tragfläche eine größere Hubkraft ein als auf die andere, das Flugzeug bekommt Schlagseite. Wenn diese nicht ausgeglichen werden kann, neigt sich der Bug nach unten.

Wenn das Flugzeug Schlagseite hat, kommt es ins Slippen, es dreht Spiralen, der Bug neigt sich weiter nach unten. Die Spirale wird immer steiler, die vertikal gerichtete Geschwindigkeit immer höher. Das Flugzeug beschreibt zunächst eine große Spirale, deren Radius dann immer kleiner wird. Die Schwerkraft an Bord nimmt zu. Die Passagiere werden in ihre Sessel gedrückt und können nicht aufstehen. Die Fallgeschwindigkeit ist ungeheuer. In maximal anderthalb bis zwei Minuten hat das Flugzeug das Wasser erreicht.

Ich erinnere mich an einen Fall, bei dem eine Maschine wegen eines einzigen beschädigten Kabinenfensters zerborsten ist. Bei der Boeing 747 hatten die Raketen sofort die ganze Konstruktion zerstört.

Übrigens [er zeigt auf ein Foto] hat die Boeing hier eine ziemlich dünne hermetische Trennwand. Eine Maschine dieses Typs, die einer japanischen Fluggesellschaft gehörte, ist seinerzeit wegen einer Beschädigung dieser Trennwand abgestürzt.

Die Zerstörung des hermetischen Raums, der explosionsartige Druckabfall ist für den menschlichen Organismus schrecklich. Die Trommelfelle platzen. Die Passagiere werden mit ihren Sesseln aus der Kabine geschleudert. Sie müssen aus dem beschädigten Heck gefallen sein, das Gepäck ebenfalls.

Der Aufprall der KAL 007 aufs Wasser muß gewaltig gewesen sein. Aber ihre Zerstörung begann schon vorher, durch den erhöhten Staudruck.

Die Entfernung zwischen Abschuß- und Absturzort läßt sich meiner Ansicht nach so ermitteln: Wenn die Boeing mit einer Schlagseite von 60 Grad und einer Geschwindigkeit von 900 km/h zu fallen begann, kann der Radius der Spirale 3700 Meter betragen haben und die maximale Strecke, die sie zurückgelegt haben kann, 10 Kilometer.

Was die Frage aller Fragen angeht, die alle stellen, die sich mit dem Fall beschäftigen, so bin ich überzeugt: Unser Pilot hat natürlich gesehen, daß er eine Passagiermaschine vor sich hatte. Diese Riesenmaschine mit ihren charakteristischen Umrissen kann man auch im Dunkeln unmöglich mit einem Transporter verwechseln, der hat doch kaum Kabinenfenster. Auch Aufklärungsflugzeuge haben nur wenige Kabinenfenster. Die Aufklärer sitzen in der verdunkelten Kabine, weil sie mit elektronischen Geräten arbeiten. Außerdem gibt der Pilot selbst zu, daß die Positionslichter brannten. Das heißt, die Boeing war hellerleuchtet wie ein Weihnachtsbaum. Zwei Blinklichter auf Rücken und Bauch, zwei weiße Blinklichter auf den Tragflächen. Außerdem die Beleuchtung des Nationalitätszeichens. Wenn über mir eine Boeing 747 fliegt – da kann sie tausend Meter über mir sein –, erkenne ich zum Beispiel den Vogel der Lufthansa auf der Seitenflosse. Ganz zu schweigen davon, daß die Kabinenfenster von der Spitze bis zum Heck erleuchtet sind, zwei Etagen!

Ehrlich gesagt, gleich nach dem 1. September 1983 war mir klar: Da stimmt was nicht. Zuerst dachte ich (wie übrigens auch die Amerikaner), daß unser Pilot gar keine Warnschüsse abgegeben hatte, denn die Suchoi 15 hat keine Bordkanonen. Ich weiß noch, kurz danach wurde in der Fernsehsendung ‹Ich diene der Sowjetunion› ein Jäger dieses Typs mit zwei am Rumpf montierten Kanonen gezeigt. Trotzdem bin ich bis heute nicht sicher, daß der wirklich geschossen hat. Warum behauptet er, daß er nur Kampfgeschosse gehabt hat?

Auf Grund meiner eigenen Erfahrung stelle ich mir die Sache so vor: Das Cockpit einer Passagiermaschine läßt den Piloten nur ein relativ kleines Blickfeld. Ein anderes Flugzeug sehen sie nur, wenn es mindestens in einem Winkel von dreißig Grad vor ihnen fliegt. Außerdem war Nacht, die Piloten haben sich unterhalten, um nicht einzuschlafen. Selbst wenn sie den Jäger plötzlich gesehen hätten, es wäre ihnen gar keine Zeit mehr geblieben, seiner Aufforderung zu folgen, denn Ossipowitsch hatte schon den Befehl ‹Ziel vernichten› erhalten. Er hatte es sehr eilig, sie hatten Sachalin schon fast überquert.

Von der Insel Tjuleni bis Newelsk sind es 280 Kilometer. Bei einer Geschwindigkeit von 980 km/h brauchte er dafür 18 Minuten. Das war sehr wenig Zeit, um den Grenzverletzer einzuholen, die Geschwindigkeit zu drosseln, Signale zu geben.

Unsere Militärs sehen einen Beweis für die Spionagemission der Boeing darin, daß sie zwei Wochen vor ihrem letzten Flug auf der Militärbasis Andrews [Kanada] gelandet war. Aber ich vermute, es sollten dort nur die Navigationsinstrumente überprüft werden. Wahrscheinlich hatte es schon Probleme damit gegeben. Vielleicht war der Defekt nicht ganz behoben worden, und die Amerikaner wollten nicht publik machen, daß sie das Flugzeug mit dem Defekt hatten weiterfliegen lassen. Die Besatzung wußte wahrscheinlich wirklich nicht, daß sie von der Flugroute abgekommen war.

Und eine Militärbasis, das klingt nicht so bedrohlich, wenn man bedenkt, daß eine Überprüfungseinrichtung eine teure Angelegenheit ist, die sich nicht alle Flughäfen leisten können.

Ich glaube, daß die Piloten der koreanischen Maschine nicht wußten, daß sie auf falschem Kurs flogen. Selbst bei einer Boeing mit dreifach gesichertem Navigationssystem kann etwas versagen. Dann liegt die Schuld bei den amerikanischen Spezialisten, die das Flugzeug mit defektem System weiterfliegen ließen.

Nun zu den berüchtigten zehn Minuten. Warum dementierten wir nicht, warum stützen wir schweigend Berechnungen, die weder den Tatsachen noch der elementaren Logik standhalten? Ganz einfach: Für die sowjetische Seite ist diese Zeit sehr bequem, sie erklärt indirekt, warum die Boeing 747 über neutralem Gewässer abgestürzt ist. Ganz von selbst verschwindet damit der Umstand, daß sie außerhalb der sowjetischen Grenze abgeschossen wurde. Übrigens, gewöhnlich braucht ein Flugzeug für eine ganz normale Landung aus zehntausend Metern Höhe fünfzehn Minuten.»

Viktor zeigte uns Filmaufnahmen, die er aus dem Cockpit gemacht hatte: Ein schwedisches Flugzeug setzt sich vor ihn und schaukelt mit den Flügeln: «Der gibt uns das Signal: ‹Sie sind ein Grenzverletzer, folgen Sie mir.›» – «Waren Sie das tatsächlich?» – «Natürlich nicht. Die Schweden machen sich bloß einen Jux, wir fliegen unsere Route. Leider gibt es auch in der Luft Rowdies.»

Eine weitere Begegnung: Gennadi Ossipowitsch beugt sich über die Karte. Er zeigt uns die Route des Fluges, der für 269 Menschen der letzte war.

«Hier nähern wir uns dem Küstenstreifen. Hier habe ich den Befehl bekommen, ihn zu vernichten, der dann zurückgenommen wurde. Nicht direkt an der Küste, sondern an der Grenze, 25 Kilometer vor der Küste. Und während des ganzen Fluges» – er zieht eine Linie Kurs 240 von Newelsk – «habe ich Blinkzeichen gegeben und geschossen.»

Wieviel Zeit entsprach das? Die Entfernung ist weniger als halb so groß wie zwischen der Insel Tjuleni und Newelsk. Wenn er für diese Strecke achtzehn Minuten gebraucht hat, waren es hier nicht mehr als sieben.

Reichten sie aus, damit die koreanischen Piloten sich ihrer Lage bewußt wurden?

Ossipowitsch fährt fort: «Hier hab ich ihn abgeschossen.» Er macht auf dem Küstenstreifen bei Newelsk ein Kreuz. «Hier hat er sich in die Kurve gelegt und ist abgestürzt. Irgendwo hier, bei der Insel Moneron. Ich weiß nicht genau, wo.»

«Wie lange kann der Absturz gedauert haben?»

«Das hängt davon ab, wie er getroffen wurde. Unter Umständen kann er gleich fallen wie ein Stein. Wie lange braucht ein Körper für den freien Fall aus zehntausend Metern Höhe? Das kann man ausrechnen, Beschleunigung mal Gewicht...»

Das ist sie, die Schulformel! Aber sofort hält er inne und geht zur Karte, auf der er gerade die Abschußstelle eingezeichnet hat.

«Weiß der Teufel. Sie ist ja nicht einfach gefallen, sie hat gekämpft. Sie ist ja noch weit geflogen, das sind mindestens sechzig, siebzig Kilometer. 1978 wurde eine Maschine desselben Typs, auch von dieser Fluggesellschaft, im Norden abgeschossen. Sie ist noch auf dem Eis gelandet, obwohl eine halbe Tragfläche abgerissen war. Das konnte diese auch noch, sie hat ja gekämpft...»

(Auf die Boeing 707 der KAL wurde im April 1978 nordöstlich von Murmansk nur eine Rakete abgefeuert, die eine Tragfläche beschädigte. Nach Aussagen unserer Informanten hatte der Pilot die zweite Rakete nicht abgefeuert, weil er das Flugzeug als Passagiermaschine identifiziert hatte. Für diese Eigenmächtigkeit wurde er aus der

78

Armee entlassen. Hätte er anders gehandelt, wäre den 97 Passagieren und dreizehn Besatzungsmitgliedern der Boeing dasselbe Schicksal sicher gewesen wie denen der KAL 007.)

Wieder die zehn Minuten! Der Pilot braucht sie als Bestätigung dafür, daß die Maschine über sowjetischem Hoheitsgebiet abgeschossen wurde.

War das wirklich so?

SECHS

Wie sich die Tragödie
in der Luft abgespielt haben kann

Es gibt viele Fragen zu den Ereignissen über Kamtschatka und Sachalin. Einige Rätsel haben wir lösen können.

Beginnen wir noch einmal mit der ersten Grenzverletzung über Kamtschatka. Von dem Piloten Kasmin, der die Boeing angeblich verfolgt hat, gibt es bis heute keine Spur. Ein Phantom? Und es war nicht ein Abfangjäger in der Luft, es waren sechs.

Konteradmiral A. Schmonow (Name geändert) über den Flug der südkoreanischen Maschine über der Halbinsel Kamtschatka:

«Für Kamtschatka haben sich die Amerikaner immer interessiert. Schließlich wäre die Region im Kriegsfall strategisch wichtig. Darum spürten wir die Anwesenheit der Amerikaner täglich. Zwei, drei Flugzeugträger schwammen immer dicht vor unserer Küste. Von dort starteten Flugzeuge und flogen bis Kamtschatka und zurück. Ständig gingen die uns auf die Nerven.

Am Abend des 31. August hatte ich Dienst. Ich hab gesehen und gewußt, was wo passiert.

Zuerst achtete niemand besonders darauf, als auf dem Radarschirm ein großes Ziel auftauchte. Dann näherte sich

ihm ein zweites. Alle hielten das für ein Aufklärungsflugzeug und einen Tankflieger. Wir sahen, wie sie sich im
Rechteck formierten und manövrierten. Dann trennten sie
sich. Aber die Maschine, die wir für ein Tankflugzeug gehalten hatten, flog plötzlich statt nach Norden nach Süden. Wir
haben uns gewundert, mehr aber nicht. Dann flog sie auf
der internationalen Flugroute, das Aufklärungsflugzeug
blieb in unserem Beobachtungsraum. Die Situation beunru-
higte niemanden, sie war normal. Aber dann ging es los:
Das Ziel war plötzlich verschwunden. Der Diensthabende
wurde nervös. In der Annahme, daß etwas kaputt sei, rief er
die Posten an. Alle meldeten: Alles in Ordnung! Zeit verging.

Das Flugzeug, die KAL 007, war stark gesunken und für
unsere Beobachtungsstationen unsichtbar. Ich glaube, es
flog absichtlich so. Die Flughöhe betrug etwa drei Kilometer. Erst über dem Kronozker Naturschutzgebiet [im
Zentrum von Kamtschatka] tauchte es wieder auf. Dort ist
eine Vulkankette, und um nicht zu zerschellen, mußte die
Boeing steigen.

Der Diensthabende löste für alle Fälle Übungsalarm aus.
Zwei Jäger stiegen auf. Sie flogen in Richtung Ozean, zur
Ostküste, während das Ziel Richtung Westen flog. Die Jäger
handelten routinemäßig, denn üblicherweise kamen Grenz-
verletzer von Osten. Bis die Jäger gedreht hatten, war die
Boeing in der Schattenzone der Vulkane verschwunden. Die
Leitstelle konnte die Jäger schlecht dirigieren. Hinter der
Vulkankette verlor sie das Objekt.

Die Jäger verfehlten das Ziel. Ein zweites Paar stieg auf.
Aber der Grenzverletzer war schon über der Westküste von
Kamtschatka. Bei den ersten beiden Jägern ging der Treib-
stoff zu Ende. Die Boeing flog über dem Ochotskischen
Meer. Auch das zweite Jägerpaar konnte sie nicht einholen.

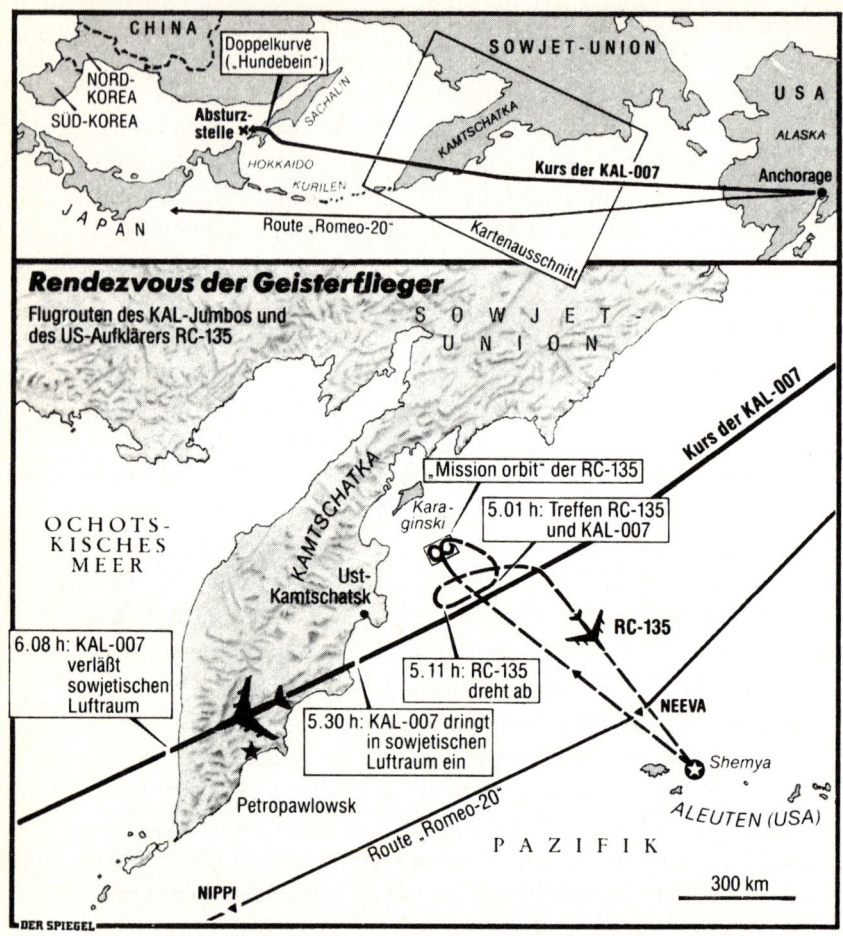

Im Bild:

CHINA

NORD-KOREA
SÜD-KOREA

Doppelkurve ("Hundebein")

SACHALIN

SOWJET-UNION

KAMTSCHATKA

USA

ALASKA

Absturz-stelle ✕

HOKKAIDO

KURILEN

Kurs der KAL-007

Anchorage

JAPAN

Route „Romeo-20"

Kartenausschnitt

Rendezvous der Geisterflieger

Flugrouten des KAL-Jumbos und des US-Aufklärers RC-135

SOWJET-UNION

OCHOTS-KISCHES MEER

KAMTSCHATKA

Kurs der KAL-007

Karaginski

„Mission orbit" der RC-135

5.01 h: Treffen RC-135 und KAL-007

Ust-Kamtschatsk

RC-135

6.08 h: KAL-007 verläßt sowjetischen Luftraum

5.11 h: RC-135 dreht ab

5.30 h: KAL-007 dringt in sowjetischen Luftraum ein

NEEVA

Shemya

Petropawlowsk

ALEUTEN (USA)

Route „Romeo-20"

PAZIFIK

300 km

NIPPI

DER SPIEGEL

«Rendezvous der Geisterflieger» vor der Halbinsel Kamtschatka. Die
Flugrouten des KAL-Jumbos und des US-Aufklärers RC 135 mit den
typischen Achten, «Mission Orbits» genannt. Unten die normale Route
Romeo-20, die KAL 007 eigentlich fliegen sollte.

Ossipowitsch mit seiner SU 15 rettete die Lage. Das ist in groben Zügen die ganze Geschichte.»

Der Konteradmiral schildert das Geschehen tatsächlich in sehr groben Zügen und läßt viele Details außer acht. Zum Beispiel ein drittes Paar Jäger, das die Boeing verfolgte, als sie den Raum Kamtschatka schon verließ. (Um so berechtigter scheint die Frage, ob der Flugzeugtyp des Grenzverletzers identifiziert wurde.)

An Hand der Pressemeldungen, die in der Sowjetunion nach den *Iswestija*-Veröffentlichungen erschienen, läßt sich der Ablauf der Ereignisse rekonstruieren. Das Flugzeug, das für eine Auftankmaschine gehalten wurde, tauchte um 4.29 Uhr Ortszeit auf den Radarschirmen auf und bekam auf den Leitkarten der Luftverteidigung die Nummer 6065. Um 5.25 Uhr näherte sich das Ziel mit der Nummer 6065 der Grenze, die Beobachter der Luftverteidigung waren sicher, daß es nicht zur Grenzverletzung kommen würde; in der Regel drehten die amerikanischen Aufklärungspiloten kurz vor der Grenze ab. Diesmal war es anders, und die Diensthabenden wurden nervös. Ihre Nervosität war vermutlich auch schuld daran, daß das erste Jägerpaar den Eindringling überhaupt nicht fand. Sie kehrten mit leerem Tank auf ihren Flugplatz zurück. Hatte hier nicht doch die rätselhafte «Rückkehrgrenze» eine Rolle gespielt?

5.33 Uhr Ortszeit: Das Flugzeug hat die Grenze verletzt. Ein zweites Jägerpaar steigt auf. Aber auch dieser Flug bleibt ohne Erfolg: sofort nach seinem Eindringen in den sowjetischen Luftraum verschwand das rätselhafte Objekt von den Radarschirmen. Erst dreizehn Minuten später tauchte es wieder auf. Ein drittes Jägerpaar verfolgte das Flugzeug die letzten Minuten im Aktionsraum der Luftverteidigung von Kamtschatka.

Aus den fragmentarischen Meldungen geht hervor, daß dieses Jägerpaar die Boeing «ausgemacht», sie jedenfalls ein paarmal in solcher Entfernung umflogen hatte, daß der Flugzeugtyp identifiziert worden sein mußte.

Kommen wir zurück zum Piloten Ossipowitsch. Was von seinen Erzählungen ist Wahrheit, was bewußte und was (aus Unkenntnis) unbewußte Fälschung? Hier begeben wir uns auf das Gebiet der Vermutungen, aber die Aussage eines Journalisten der Armeezeitung *Krasnaja Swesda* hilft den Nebel lichten. Oberst Andrej Sacharenko erzählt:

«Ich leitete damals den Korrespondentenstützpunkt der *Krasnaja Swesda* im Fernen Osten. Beim ersten Anruf der Redaktion einige Sunden nach dem Vorfall hatte ich den Auftrag erhalten, nichts über offene Leitungen weiterzugeben, sondern Material zu sammeln. Aber ich ‹sammelte› nur das bekannte Schema der nächtlichen Operation. Vor allem erwies es sich als unmöglich, mit dem Piloten zusammenzutreffen, der das Flugzeug abgeschossen hatte. Alle, einschließlich des Chefs des Militärbezirks, Armeegeneral Tretjak, erklärten: Ausgeschlossen! Erst am Abend des 4. September 1983 rief der Chef des Korrespondentennetzes, Kapitän zur See W. Firsow, an und sagte, die Sache mit dem eingedrungenen Flugzeug habe eine politische Wendung genommen und ich solle mich darum sofort mit dem Stabschef des Militärbezirks Fernost in Verbindung setzen und mich streng an die Anweisungen des soeben bei ihm eingetroffenen verschlüsselten Funkspruchs halten. Daraus ging hervor, daß der Generalstabschef dem Korrespondenten der *Krasnaja Swesda* genehmigte, mit dem Piloten und dem Navigator der Flugleitstelle zu sprechen, die gemeinsam die Mission erfüllt hatten, und ihn aufforderte, ein Interview darüber vorzubereiten, wie sich alles abgespielt hat.

Am 5. September gegen Mittag hielt ein Jeep bei einem abflugbereiten Militärtransporter; vier oder fünf Männer in Fliegeruniform stiegen aus und gingen zum Flugzeug. Der eine Oberstleutnant wirkte kränklich, oder als hätte er gerade von höherer Stelle eine gnadenlose Abreibung bekommen. Er sah sich nach allen Seiten um, als überlegte er, ob er auf die Leiter klettern sollte oder nicht. Auch seine graugrünen Augen wirkten abwesend. Die Hand, die er mir nach einem etwas lahmen Salutieren hinhielt, war kalt und völlig kraftlos.

Das war Oberstleutnant Gennadi Nikolajewitsch Ossipowitsch. Während des rund zweistündigen Fluges ‹trimmten› wir die Ereignisse der Nacht zum 1. September auf das Schema. Wir hatten die gerade erschienene TASS-Erklärung in der Hand, in der ein besonders Eifriger selbst die kleinsten Details geschildert hatte. Und obwohl wir die realen Ereignisse in der Luft und zu Lande nicht völlig umgehen konnten, war unsere vordringlichste Sorge, ‹daß alles aufging›. Selbst in den Notizen, die ich mir während des Gesprächs gemacht habe, findet sich nicht der Schatten einer Abweichung von dem offiziellen Dokument des offiziellen Informationsorgans.

Jetzt scheint Gennadi Ossipowitsch zu behaupten, er sei damals von Anfang bis Ende von heroischem Pflichtgefühl erfüllt gewesen. Ich kann bezeugen: Das war nicht ganz so. An jenem nebelverhangenen frühen Morgen in der Luft, als er nichts so sehr fürchtete wie die geringste Ablenkung von seinen Instrumenten, die einen Orientierungsverlust bedeutet hätte, war es noch so. Aber spätestens am 5. September, als wir gemeinsam den Ablauf der Ereignisse rekonstruierten, empfand er, was jeder normale Mensch empfindet, der gewollt oder ungewollt getötet hat. Ab und zu schweifte er von unserer irrwitzigen Beschäftigung ab, starrte mit weit geöffneten Augen lange auf den grellen Blister und fragte mich oder sich selbst: ‹Vielleicht hat niemand dringe- sessen?› – ‹Wer kann mir genau sagen, wie viele Plätze so eine Boeing hat?› – ‹Das heißt, es wäre besser gewesen, wenn es einer von unseren Langstreckenfliegern gewesen wäre? Wieviel Mann Besatzung hat die TU 16?›

Als einer der Begleitoffiziere sich mit einer nichtigen Frage an ihn wandte, klagte er: ‹Halten die mich für ver- rückt oder was? Seit Tagen kann ich nicht mal mehr allein aufs Klo, sie sperren mich ein...› Und dann: ‹Glauben Sie mir, ich konnte doch nicht ahnen, daß das eine Passagierma- schine war. Wir haben schon überall diese RC 135 gesehen!› Und plötzlich spricht er von seinen Kindern: ‹Olja und Oleg werden es verstehen...›

Ich empfinde heute noch Schmerz um die Opfer der ver- hängnisvollen Nacht und ihren tragischen Helden. Auch er ist streng genommen ein Opfer der absurden Umstände.

Nun zu einigen Details. Wenn man sich an die Tatsachen hält, so kann man wohl kaum ernsthaft davon reden, daß die Boeing 747 auf einem nahegelegenen Flugplatz zur Lan- dung gezwungen werden sollte.

Soweit ich weiß, gab es damals mindestens bis zum Bai- kalsee kein Rollfeld, auf dem ein Jumbo hätte landen kön- nen. Die Kanonenschüsse hat der Pilot, wie er mir sagte, keineswegs zur Warnung abgegeben, er hatte das Flugzeug treffen wollen, es aber verfehlt. Die Funkaufzeichnungen können tatsächlich verlorengegangen sein, denn der Funk- verkehr der Bodenleitstelle mit den Piloten läuft auf ver- schiedenen Frequenzen, und ein Empfänger kann nicht alle gleichzeitig mitschneiden. Der bei Ihnen offengebliebene Rufname ‹Deputat› gehört zum Navigator der Bodenleit- stelle, die den Abfangflug leitete. Das war in der Nacht Oberleutnant Wladimir Wassiljewitsch Borissow. Nachdem er vom stellvertretenden Stabschef die Weisung erhalten hatte: ‹Es handelt sich um ein militärisches Ziel, bei Verletzung der Staatsgrenze ist es zu vernichten›, gab er Ossipowitsch das Kommando. Ein, zwei Tage später leitete er einen im selben Raum patrouillierenden Abfangjäger zu einer vermeintlichen ‹Orion› und gab das Kommando ‹Vernichten!› Doch der Pilot des Jägers erkannte rechtzeitig, daß es sich um eine IL 14 der Grenzer handelte, und brach den Angriff ab.

Und noch etwas. Sie werfen jemandem vor, Ossipowitsch ein ‹Drehbuch› geschrieben zu haben, an das er sich hielt, als er mit den Journalisten redete. Ich fürchte, das war ich. Ich habe die Interviews mit dem Piloten und dem Navigator der Bodenleitstelle in der Nacht zum 6. September per Telex von Sokol nach Moskau geschickt, am Morgen waren keine Kontrollbänder auf dem Telex. Vielleicht sind sie das ‹Szenarium› geworden? Ich vermute das aus folgendem Grund: Ich glaube, am selben Tag war in Sokol ein Team vom Zentralen Fernsehen per Flugzeug aus Kamtschatka eingetroffen. Darunter unser Korrespondent Oberst Filatow. Ihm hat Ossipowitsch schon von seinem geplanten Auftritt in der Friedensstunde der Schule erzählt. Aber das hatte ich erfunden und ohne Absprache mit dem Piloten in meinen Text aufgenommen.»

Dieses Geständnis gehört zum Wertvollsten, was wir im Laufe unserer Recherchen erfahren haben. Vor allem, weil unser Kollege ein Militär war, wenn auch ein ehemaliger. Für ihn gehörte eine Menge Mut dazu, uns zu schreiben und uns auch noch zu gestatten, seine Aussagen zu veröffentlichen. Viele Einzelheiten, von denen er berichtet, belegen noch einmal, wie verlogen die erste offizielle Version der Tragödie war (allein die Tatsache, daß Ossipowitsch die Kanonenschüsse nicht abgefeuert hat, um die Crew der Boeing zu warnen, sondern um das Flugzeug abzuschießen!). Aber nicht das ist das Wichtigste, sondern daß der Mechanismus der Fälschung deutlich wird, der Unterdrückung der Wahrheit. Beide beteiligen sich daran, der Journalist und der Pilot. Warum? Im Namen welcher «höheren» Ziele wurde dieser Berg von Lügen aufgehäuft? Wer war der anonyme Autor der Version, die im Namen des ganzen Landes in den Zeitungen veröffentlicht wurde und an die selbst bei bestem Willen keiner glauben konnte?

Es war leider genau so, wie der Oberst a. D. erzählt. Ossipowitsch ist heute noch nicht ganz frei von dem Druck, unter dem er stand, warum hätte er sonst den *Iswestija*-Korrespondenten den Unsinn mit der Friedensstunde erzählt? Er glaubt immer noch, daß die Menschen dieses Bild von ihm erwarten.

Er behauptet immer noch, nicht gewußt zu haben, daß er eine Passagiermaschine vor sich hatte. Wir können das Gegenteil nicht beweisen. Doch die Bodendienste der Luftverteidigung und folglich das Oberkommando *mußten wissen*, was für ein Flugzeug sich über unserem Hoheitsgebiet befand.

Nächstes Rätsel: Wie konnte die Boeing in unseren Luftraum geraten? Wir wollen nicht versuchen, eine umfassende Antwort darauf zu geben. Diese Frage steht im Zentrum der meisten im Westen erschienenen Analysen. Hören wir einen unserer freiwilligen Berater und Experten, Valeri Ujutow, Luftfahrtingenieur mit großer Erfahrung im Flugzeugbau, auch im militärischen, der an der Untersuchung vieler Flugzeugabstürze beteiligt war:

«Konnte eine ausländische Passagiermaschine ohne böse Absicht in den Luftraum der UdSSR geraten? Eine IL 62 M der Aeroflot flog nachts auf der Strecke Moskau-Chabarowsk sieben Stunden lang im Sinkflug. Die Crew bemerkte das Sinken sogar visuell, weil auf dem Kurs Berggipfel auftauchten. Die Crew bestand aus fünf Männern, alle vier Höhenmesser waren intakt. Die objektiven Kontrollanzeigen [der schwarze Kasten] zeigten: während des gesamten Fluges waren immer mindestens vier Personen im Cockpit, sie waren wach, meldeten sich zur vorgegebenen Zeit bei den Bodenstationen und machten Aufzeichnungen im Bordbuch. Die Bodenleitstation bemerkte ebenfalls keinerlei Abweichungen. Es kling unwahrscheinlich, ist aber eine Tatsache! Und es ist kein Einzelfall. Es sind Fälle von Halluzinationen der Crew und von Irrflügen sowohl über dem Territorium der UdSSR als auch außerhalb bekannt, bei denen die Kontrollanzeigen nicht reagierten. Das alles kann auch bei ausländischen Fluggesellschaften passieren.

Nächste Frage: In welchem Maße müssen die Aufklärer der USA in sowjetischen Luftraum eindringen, um ihre Aufgabe zu erfüllen? Sehen wir uns die RC 135 und die SR 71 an. Erstere kann ihre Aufgabe auch erfüllen, ohne in den Luftraum der UdSSR einzudringen, und die SR 71 kann bei Verletzung unseres Luftraums weder von SU 15 noch von MiG 23 abgefangen werden. Das heißt, einerseits brauchen die USA den Luftraum der UdSSR zu Aufklärungszwecken gar nicht zu verletzen (dafür gibt es auch Satelliten), zum anderen, wenn sie es tun wollten, hätten sie dafür geeignetere Flugzeuge.

Dritte Frage: Wie reagiert die sowjetische Luftverteidigung auf einen Eindringling? Seit dem Ende des Zweiten Weltkrieges eindeutig: mit Abschuß! Das ist nicht immer zu realisieren und nicht immer ungefährlich, denn die Eindringlinge sind mitunter nicht schlecht bewaffnet. Dennoch wurde eine Boeing 707 derselben südkoreanischen Fluggesellschaft, die einige Jahre zuvor auf Grund eines Navigationsversagens über Karelien vom Kurs abgekommen war, von Jägern der Luftverteidigung mit Kanonen und Raketen beschossen. Wie durch ein Wunder konnte die Crew die Maschine auf einem zugefrorenen See landen. Unsere Piloten aber wurden ausgezeichnet und befördert.

Jeder Abfangjägerpilot weiß also, was ihm blüht: entweder hohe Ehrungen oder Schimpf und Schande. Und noch eins: Wer auf Waffenkontakt mit einem Gegner aus ist, kann keinen Funkkontakt mit ihm aufnehmen.

Ein paar Worte zur Artillerie. Die modernen Maschinen sind in der Regel mit zwei 30 mm-Kanonen ausgerüstet, die vierzig Schuß pro Sekunde abgeben können. Wenn das auch bei der SU 15 der Fall war, brauchte Ossipowitsch für die 243 Schuß, die er abgefeuert hat, sechs Sekunden. Das sind fünf, sechs Feuerstöße.

Unser Land ist arm. Unsere Piloten riskieren ihr Leben, um defekte Maschinen auf den Flugplatz zurückzubringen, weil es ihnen um das Flugzeug leid tut und weil sie auf eine Belohnung hoffen. Genauso setzen sie, wenn es die Situation erlaubt, erst billige Kanonenmunition ein, um teure Raketen zu sparen.

Zurück zur KAL 007. Ein Nachtflug. Die Passagiere schlafen. Die Crew ist aus unbekannten Gründen von der Route abgekommen, hat es aber schon bemerkt und Kurs auf neutrale Gewässer und Seoul genommen. Wenn sie Funksprüche der sowjetischen Militärflugzeuge hört, versteht sie sie nicht. Es sind nur noch wenige Flugminuten bis zu neutralen Gewässern.

Ossipowitsch erhält den Befehl, das Ziel zu vernichten. Er weiß nicht, daß es sich um eine Passagiermaschine handelt, sagt er, von hinten ähnelt sie einer RC 135. Da der Strahlensensor nicht reagiert, ist die Funkpeilung offenbar ausgeschaltet (auf großen Militärmaschinen ist am Heck eine Bordkanone installiert), und er kann sich dem Flugzeug auf Schußweite nähern.

Angriff. Die erste Geschoßrakete auf das Heck, um die Kanonen zu zerstören, die übrigen auf den Rumpf, vom Heck zum Bug, mehrere Salven. Darum sagt der Pilot der MiG 23 auch, er beobachte einen Luftkampf. Er hat das Mündungsfeuer der Kanone, Ossipowitschs Manövrieren mit dem Nachbrenner und die Leuchtspuren der Geschoßgarben gesehen (Geschosse ohne Leuchtspuren gibt es nicht). Aber die panzerbrechenden Geschosse haben keine große Wirkung, der Gegner setzt zu Ossipowitschs Erstaunen seinen Flug unbeirrt fort. Der Befehl ist nicht ausgeführt. Die Piloten der KAL 007 (die gleich neutralen Luftraum erreicht) begreifen, daß jeden Moment ein Raketenangriff von hinten folgen wird, und schalten die Triebwerke aus, damit der Jäger keine Rakete mit Hitzesensor einsetzen kann. Ossipowitsch verliert an Höhe. Aber die Triebwerke erkalten nicht sofort, und diese Sekunden genügen dem erfahrenen Piloten für den Raketenangriff.

Von Geschossen durchsiebt und beschädigt, kann die KAL 007 nicht zehn Minuten lang gefallen sein, sie kam ins Trudeln, legte in drei Sekunden einen Kilometer zurück und erreichte in fünfundzwanzig, dreißig Sekunden die Wasseroberfläche, die achthundertmal dichter ist als Luft. Die Maschine ist steil gefallen, und wenn ihre Trümmer in den neutralen Gewässern gefunden wurden, heißt das, daß Ossipowitsch sie dort abgeschossen hat.»

Ingenieur Ujutow führt seine Überlegungen bis zu der Frage, die uns vorrangig erscheint: wie lange der Absturz der Boeing gedauert hat. Er kommt zum selben Schluß wie unsere anderen Experten: Keine zehn Minuten. Warum ist das so wichtig? Und warum bestehen die offiziellen Instanzen so auf diesen zehn Minuten, während unabhängige Experten sie kategorisch bestreiten?

Wenn wir diese Frage beantworten, werden wir das größte und schrecklichste Geheimnis der vernichteten Boeing klären können. Das Geheimnis, das auf dem Grund des Japanischen Meeres liegt.

Das Bohrschiff «Michail Mirtschink»,
von einem anderen Suchschiff aus aufgenommen

Zweiter Teil

ZU WASSER

EINS

Gedränge vor der Insel Moneron

Von zwei Raketen getroffen, stürzte das Flugzeug fast mit Schallgeschwindigkeit ins Wasser. Experten behaupten, bei einem Sturz auf Land wäre die Zerstörung nicht so groß gewesen. Die riesige Maschine wurde buchstäblich in Stücke gerissen, die geborgenen Trümmer waren nicht größer als ein, zwei Meter.

Doch in den Septembertagen, als sich der internationale Skandal entzündete und eine Schlacht zwischen sowjetischer und amerikanischer Presse tobte, ging es noch nicht um die Frage, wie das Flugzeugwrack aussehen würde. Etwas anderes beschäftigte die Zeitungen: wo, in wessen Gewässern die abgeschossene Boeing liegen und ob es gelingen würde, die «schwarzen Kästen» zu bergen.

Wenden wir uns also einem sehr verworrenen Teil der Tragödie zu, der Suche nach dem Wrack.

Verworren ist diese ganze Aktion vor allem deshalb, weil alles, was nach dem Abschuß zu Wasser, in der Luft und auf dem Festland im Bergungsgebiet vor sich ging, von Anfang an geheimnisumwittert war. Zur Suche wurden sehr viele Menschen herangezogen, Militärs, Zivilisten, Mitarbeiter der Nachrichten- und Sicherheitsdienste. Das Geheimnis erstreckte sich auf alles, was vor sich ging, und die Informationen darüber waren unter den Beteiligten sehr ungleichmäßig verteilt, was alles noch komplizierter machte. Der Reporter, der sich damit befaßt, hat es noch heute schwer: Die Ereignisse passen nicht zusammen, es fehlen die Menschen, die den Gang der Dinge dokumentarisch belegen könnten, dazu die schon erwähnte allumfassende Geheimhaltung...

Oft ertappten wir uns nach Telefongesprächen mit neuen Zeugen dabei, daß wir den Anrufern mißtrauten. Wir konnten ja nicht ausschließen, daß es sich um gezielte Desinformation handelte. Außerdem stellte sich heraus: Manche unserer Gesprächspartner und Informanten verschwiegen uns bewußt etwas, was sie mit Sicherheit wußten. Was war der Grund dafür, Anweisungen oder eigene «Rückversicherung»?

Oft nannten die Anrufer nicht ihren Namen, nicht einmal ihren Vornamen. Viele konsultierten vor dem Gespräch mit uns Journalisten wahrscheinlich «Experten» vom KGB; dafür brauchten sie nicht weit zu gehen, denn überall, bei den Tauchern, den Fischern, deren Fanggründe in internationalen Gewässern liegen und die ausländische Häfen anlaufen, und natürlich bei den Luftfahrtexperten gibt es direkt angestellte «Tschekisten». Daran hat auch die Perestroika nichts geändert.

Dennoch fanden wir immer wieder auch Bestätigung, daß die meisten uns ehrlich helfen wollten; sie befreiten sich erleichtert von der Last des Geheimnisses, das sie viele Jahre lang bedrückt hatte, und wünschten unserem Unternehmen von ganzem Herzen Erfolg.

Einen nicht unerheblichen Anteil an der Verwirrung hatten auch die damals so gewohnte, zum Markenzeichen für unser Land gewordene Schlamperei und das Durcheinander überall dort, wo etwas Bestimmtes getan werden muß. In unserem Fall mußte etwas gefunden, geborgen und geheimgehalten werden. Daran waren viele Menschen beteiligt, von Militärs bis zu Fischern. Außerdem behauptete die offizielle Version, die bis 1990 aufrechterhalten wurde, das Flugzeug sei nie gefunden worden. Um dafür zu sorgen, daß sie weder im In- noch im Ausland erschüttert wurde, mußten beinah die gleichen Kräfte aufgeboten werden wie für die Suche.

Gleich nach dem ersten Artikel in der *Iswestija* kam der Pilot eines bemannten Tauchgerätes zu uns, der eine Zeitlang Augenzeuge einiger Ereignisse im Zusammenhang mit der Suche nach der Boeing gewesen war. Er war uns sehr behilflich, von ihm erfuhren wir die Adressen der wichtigsten Beteiligten an den Unterwasserarbeiten. Zuerst wollte Nikolai Grebzow nicht, daß sein Name in der Presse erscheint, obwohl er selbst in Murmansk, weit entfernt vom Ort des Geschehens, stationiert war und sich nicht zum Schweigen hatte verpflichten müssen. Ein geläufiger Mechanismus. Dafür ist ein Geheimnis ja ein Geheimnis, um auf die in unserem Land einzig mögliche Art gehütet zu werden – durch Angst.

Leider meist mit Erfolg.

Nikolai Grebzow allerdings begriff wohl im Laufe unserer Arbeit (wir hatten ihn gebeten, unser Berater zu sein), daß es nicht zum Bild eines richtigen Mannes, eines Tauchers mit stahlblauen Augen und männlichem Habitus paßt, wenn er nicht für seine Worte einstehen will. Er erlaubte uns, seinen Namen zu nennen.

Der ehemalige Taucher erzählt, wie die Sucharbeiten begannen.

«Ich arbeitete damals auf der ‹Sprut›, das ist ein spezielles Taucherschiff, das Leute für Bohrschiffe ausbildet. Zu dem Zeitpunkt [Anfang September 1983] waren die besten Taucher unter Leitung von Wladimir Sachartschenko [er ist heute noch Chef der Taucher] an Bord. Wir waren in der Barentssee, als uns der Funkspruch erreichte: ‹Eine Mannschaft von zwölf Mann bereitstellen.› Wir stellten sie zusammen und warteten auf weitere Anweisungen. Sie sollten direkt auf See von der ‹Sprut› geholt werden.

Das war am 10. September. Ich befand mich auf der Kommandobrücke, die Sache verzögerte sich um einige Stunden. Dann stellte sich heraus, daß die Militärs nur die Dunkelheit abwarteten. [Auch hier, viele tausend Kilometer von der Absturzstelle der Boeing entfernt, sollte wohl alles streng geheimgehalten werden.] Als es dunkel genug war, so daß alle Geheimnisse gewahrt blieben, näherte sich der Flugzeugträger ‹Noworossisk›. Von Bord startete ein Hubschrauber. Auf unserem Schiff gibt es neben dem Hubschrauberlandeplatz eine Kabine. Dort waren wir voller Neugier versammelt. Wir hörten einen Funkruf, eine Stimme vom Himmel: ‹Hier Personage-1. Hier Personage-1 . . .› Dann tauchte diese ‹Personage› auf, für einen Zivilisten ein ziemlich bedrohlicher Anblick: eine K 32 mit voller Bewaffnung, die Piloten mit Helm. Sie konnten nicht alle Taucher auf einmal mitnehmen, immer nur sechs Mann. Schließlich war die ganze Mannschaft verschwunden. Für lange, und wir wußten fast nichts von ihnen.»

Ein paar Tage vor der Nacht, in der die besten Taucher des Landes (Tiefenrekordler) im Schutz der Dunkelheit von der «Sprut» geholt wurden, klingelte beim Chef der Abteilung Fernost der Behörde für Tiefseebohrungen das Telefon.

A. Tortschinow erinnert sich: «Ich war im Urlaub, als ich hörte, daß eine Boeing abgeschossen worden war. Ich wußte, diese Nacht würde man mich wecken – und tatsächlich rief der Chef der Pazifikflotte bei mir an. Am Morgen lag schon ein Telegramm der Leitung des Ministeriums für Gaswirtschaft auf meinem Tisch: ‹Unverzüglich Bohrschiff bereitstellen.› Ohne jede Erläuterung. Die ‹Michail Mirtschink› wurde von Sachalin ins Suchgebiet geschickt.»

Warum gerade ein Bohrschiff, warum die «Mirtschink»?

Wir erfuhren, daß für die Suche ein Schiff gebraucht wurde, das nicht nur seine Koordinaten genau bestimmen konnte, sondern auch in der Lage war, sich zu «positionieren», das heißt, an einem vorgegebenen Punkt zu verharren. Die UdSSR hatte in Finnland drei solcher Schiffe bauen lassen. Die «Mirtschink» befand sich in der Nähe des Suchgebietes.

Und warum mußten von sonstwoher die Murmansker Taucher geholt werden? Weil alle drei Schiffe dieser Art in Murmansk in Betrieb genommen worden waren und es dort die besten Spezialisten gab. Ohne sie kamen die Militärs nicht zurecht. Sehr schnell stellte sich heraus, daß die Marine, die den geheimen Auftrag übernommen hatte, nicht über die nötigen Mittel zur Ortung und über die nötige Ausrüstung verfügte, nicht einmal über die vergleichsweise einfachste. Das klingt seltsam, zumal damals wie heute den Militärs nie etwas verweigert wurde und riesige Summen für die Ausrüstung ausgegeben wurden. Doch selbst die vorhandenen Geräte waren, wie uns die Militärs selbst versicherten, «nicht einsatzfähig».

Als die Uniformierten begriffen hatten, daß sie allein nicht zurechtkommen würden, orderten sie so viel Hilfe ins Suchgebiet, wie sie konnten. Und sie konnten viel, wie wir wissen.

Alles spielte sich auf einer kleinen Fläche ab. Diesem Punkt auf der Karte näherten sich von allen Seiten Schiffe, von unserer Küste sowjetische, aus den neutralen Gewäs-

sern amerikanische und japanische. Nach zurückhaltend-
sten Schätzungen von Augenzeugen waren es mehrere Dutzend. Weniger «Vorsichtige» sprachen von siebzig oder gar
hundert Schiffen. (Jetzt, wo wir über die vollständige Liste
der sowjetischen und ausländischen Schiffe im Suchgebiet
verfügen, wissen wir, daß die Zahl siebzig nicht übertrieben
war.)

In diesem «Gedränge» hatte jeder seine Sorgen: die einen
suchten, andere «schmulten», wieder andere versteckten
das Gefundene und verwischten die Spuren.

Japanisches Meer. Vor dem «Eingang» zum Tatarischen
Sund und der Insel Moneron. Erinnerungen von Augenzeugen zufolge war das Wetter in dem Herbst gar nicht
schlecht: klarer Himmel, blaugrünes Wasser, das selbst bei
Sturm keine großen Schwierigkeiten barg (zum Beispiel für
die Taucher der ziemlich großen «Mirtschink»). Ein ungewöhnliches Bild: ein Gewimmel von Schiffen.

Am besten war das Geschehen aus der Luft zu beobachten, die ebenfalls außergewöhnlich belebt war.

**Die Insel Moneron in der Nähe der Absturzstelle, September 1983.
Auf dem Berg sind Funkantennen zu erkennen.**

Die folgende Schilderung eines Augenzeugen müssen wir gekürzt veröffentlichen, damit er nicht identifiziert werden kann; darum hat uns der an Spezialarbeiten beteiligte Experte dringend gebeten.

«Ich war damals Flieger bei den Grenztruppen. Ich habe mich übrigens niemandem gegenüber zum Schweigen verpflichten müssen. Ich kann auch nicht beurteilen, was militärisches Geheimnis ist und was nicht. Ich bin Rentner, aber selbst Prominenten wie dem Ex-KGB-General Kalugin kann man heute schnell die Pension streichen, und solchen Luxus kann ich mir nicht erlauben, ich habe eine Familie zu ernähren.

Bereits am 5. September wurde ich zur Insel Moneron geschickt. Offenbar war kein anderer Pilot in der Nähe, der unter beliebigen Bedingungen über dem Meer fliegen konnte. Zwanzig Tage lang flog ich. Ich habe die Staatliche Untersuchungskommission hin und her geflogen und war an der Suche nach Beweisstücken am Absturzort beteiligt. Von dem Flugzeug wurde eine Menge gefunden: Teile der Außenhaut, Schaumstoff, Kleidungsstücke, Turnschuhe... Vieles weiß ich nicht; wir wurden in Unwissenheit gelassen, alles war steng geheim. Ich habe auch den Namen des Leiters der Kommission vergessen, aber der ist leicht zu finden, er war Generalleutnant, Held der Sowjetunion. Peskow oder Pestschanski.

Ich flog einen Hubschrauber vom Typ MI 8. Die Küste wurde ständig von Patrouillen abgesucht, die sammelten alles, was an Land gespült wurde. Ich habe gehört, daß der Apparat gefunden wurde, der die Funksprüche der Piloten aufgezeichnet hat. Damals kursierte das Gerücht, daß es schon einen Abschußbefehl gegeben habe, als die Boeing über Kamtschatka flog. Aber der Jägerpilot soll sich geweigert haben, den Befehl auszuführen, weil er sah, daß er eine Passagiermaschine vor sich hatte. Dafür soll er hinterher streng bestraft worden sein.

Aber das sind Gerüchte, nichts, was sich beweisen läßt. Was ich weiß, ist folgendes: Während der Sucharbeiten war alles in der Luft, was fliegen konnte, Dutzende von Flugzeugen und Hubschraubern. Von den Luftstreitkräften, Marineflieger und welche vom Festland. In den neutralen Gewässern schwammen japanische Schiffe (ihre Patrouillenboote haben Hubschrauber an Bord), koreanische, ein amerikanisches und britische, insgesamt über hundert.

Eines Tages kamen viele südkoreanische Schiffe, alle voller Blumen, das war so etwas wie eine Bestattungszeremonie.

Mitunter gerieten ausländische Schiffe in unsere Gewässer, na ja, da kann man schließlich keine Linie ziehen. Besonders die amerikanische Fregatte machte solche ‹Scherze›. Ich bin im Nebel mal darauf gestoßen, konnte gerade noch abdrehen. Ich konnte die Leute im Deckhaus erkennen. Sie hätten mich natürlich auch abschießen können. Einmal wäre ich beinah mit einer Orion zusammengestoßen. Die Wolken hingen tief, wir sind einander knapp ausgewichen. [Die Orion ist etwa so groß wie die IL 18, eine amerikanische Spezialmaschine für Patrouillenflüge über dem Meer.]

Ich bin jeden Tag geflogen. Ich habe die Kommission von Jushno-Sachalinsk nach Newelsk gebracht, von ihr meine Anweisungen bekommen und bin Patrouille geflogen. Alle Funde habe ich nach Newelsk gebracht. Fast ständig war jemand von der Kommission an Bord. Manchmal haben wir selbst versucht, Flugzeugtrümmer auszumachen, oder haben Boote zu Fundorten geführt. Was wir fanden? Teile der Außenhaut, einen fast unbeschädigten Schalldämpfer vom Triebwerk, aus Dural und Schaumstoff, darum schwamm er auf dem Wasser. Wir fanden Handschuhe, Kleidungsfetzen, Reste einer Jacke. Das war an Land gespült worden. Die Küste wurde von Grenzerpatrouillen ständig abgesucht. Alle Funde wurden registriert, in Säcke verpackt und zu mir an Bord gebracht. Ich hab sie dann weitertransportiert. Darum hab ich gesehen, was da war, nichts Besonderes. Eine Apparatur zum Beispiel hab ich nicht gesehen.

Zum Schluß meine Gedanken über den Vorfall. Ich glaube nicht, daß die Boeing einen Aufklärungsflug ausgeführt hat. Ein Jäger wäre schneller gewesen, den hätte niemand eingeholt, schließlich kriegen wir ja nicht alle. Mich beschäftigt eine andere Frage: Stimmt es, daß ein Pilot sich geweigert hat, das Passagierflugzeug abzuschießen? Das wäre eine Tat, zu der nicht jeder den Mut aufbringt.

Wenn Sie meine Aufzeichnungen verwenden, bitte anonym. Es gab außer mir dort niemanden, der so hieß, und jeder wüßte sofort, woher die Information stammt.»

Über dem vermutlichen Absturzgebiet kreisten also Hubschrauber und Flugzeuge, die Küste wurde von Grenzern abgesucht, Dutzende Schiffe schwammen auf dem Meer, unter ihnen viele Fischereischiffe, von Kamtschatka, aus dem Gebiet Primorje und von Sachalin. Wie und warum waren sie hier? Dazu die Kapitäne der Fischereifahrzeuge.

Nikolai Antonow, Kapitän von der Cholmsker Basis für Hochseefischerei:

«Ich bin zufällig ins Suchgebiet gekommen, fünf, sechs Tage nach dem Absturz der Boeing. Ich sollte den Kapitän auf dem großen Fischfangtrawler ‹Karenja› ablösen. Das habe ich gemacht, aber schon vor der Insel Moneron. Dort waren viele Schiffe, Marine und Fischer. Etwa fünfzehn, zwanzig von der Fischfangflotte. Sie warfen Netze aus und kämmten den Boden ab. Der war schwer, die Netze rissen; dort war nie gefischt worden... Die Mannschaften, die vom Fang ins Suchgebiet geholt wurden, bekamen einen Durchschnittslohn; die Leute, die aus den Häfen abkommandiert wurden, ihren vollen Lohn.

Wir machten alles wie bei einer normalen Fangexpedition: warfen Netze aus, meldeten täglich das Fangergebnis an die Leitung von ‹Dalryba›. In Wirklichkeit aber war das Ganze ein Ablenkungsmanöver. Unter dem Vorwand einer großen Fischfangaktion ließen wir die Ausländer, die japanischen und amerikanischen Schiffe nicht an das Suchgebiet heran. Das wurde besonders wichtig, als die Boeing endlich gefunden war. Ein Ablenkungsmanöver; friedliche Fischer... So ‹fischten› wir also im Umkreis der ‹Mirtschink›, die auf einem Fleck verharrte, über den Flugzeugtrümmern. Das wichtigste war, wer als erster diese Stelle fand, wir oder die Amerikaner oder Japaner. Darum ließen wir ihre Schiffe nicht näher als eine halbe Seemeile an die ‹Mirtschink› heran.»

Kapitän Iwan Schaidurow:
«Ich wurde zum ‹Fischen› ins Suchgebiet geschickt und zum Leiter der ‹Expedition› ernannt. Natürlich konnte es dort überhaupt keine Fische geben! Trotzdem wurden Schiffe von den Fischereibetrieben Kamtschatka, Primorje, aus Nachodka und von Sachalin dorthin geschickt. Als ich dort ankam, konnte man sich auf drei Quadratmeilen nicht rühren. Unsere Aufgabe war es, dafür zu sorgen, daß der Partner, genauer gesagt der Gegner, nicht in den Umkreis geriet, wo die ‹Mirtschink› arbeitete. Also manövrierten wir um sie herum, bildeten eine Barrikade.

Einen Monat war ich dort. Am 10. November wurde unsere Expedition aufgelöst. Faktisch wußten alle, daß die Arbeit beendet war. Die ‹Mirtschink› machte los und entfernte sich, wir mußten noch drei, vier Tage bleiben und so tun, als arbeiteten wir. Die ‹Mirtschink› hatte die letzten Tage direkt über der Boeing gelegen.»

Natürlich sorgten nicht nur die Fischer dafür, daß die «Mirtschink» vor fremden Blicken geschützt war. Um sie herum kreisten auch jede Menge Kriegsschiffe. Ali Bitschurin, damals Matrose auf einem U-Boot-Rettungsschiff SS-83, erzählt:

«Vor sieben Jahren habe ich bei der Kamtschatka-Flottille gedient. Einige Tage nach dem Zwischenfall (an das genaue Datum erinnere ich mich nicht mehr) nahm unser Rettungsschiff Kurs auf das Japanische Meer.

Wir sind im Suchgebiet gedriftet oder um ein Bohrschiff gekreist, um den ausländischen Schiffen den Weg zu versperren. Laut internationaler Konvention wird bei Taucharbeiten auf dem Schiff eine blau-weiße Flagge, ‹Alpha›, gehißt, die zu Vorsicht und langsamer Fahrt auffordert und andere Schiffe verpflichtet, dieses Gebiet zu umfahren, um die Leute unter Wasser nicht zu gefährden. Aber Amerikaner und Japaner versuchten ständig, ins Suchgebiet einzudringen.

Einmal hat uns ein Amerikaner erschreckt, bei dichtem Nebel fuhr er mit ziemlicher Geschwindigkeit und ohne Lichter und hätte unser Rettungsschiff beinah gerammt. Die Wache löste Alarm aus, wir rannten an Deck und sahen ein Riesending auf uns zukommen. Ich habe nur auf der Kommandobrücke des Amerikaners Licht gesehen. Der Amerikaner legte volle Kraft zurück ein und entfernte sich, nachdem er auf zehn, fünfzehn Meter herangekommen war. Diesen Fall meldete unser Kommandeur per Funk an das große U-Abwehrschiff ‹Petropawlowsk›, auf dem sich der Kommandostab befand.

Einmal sahen wir neben unserem Schiff einen orangefarbenen Gegenstand schwimmen. Wir holten ihn mit einem Bootshaken hoch. Es war eine Funkboje, etwa einen Meter lang mit einer Antenne obendrauf und einem hydroakustischen Gerät unten. Wem sie gehörte und wo sie geblieben ist, weiß ich nicht.»

Aus einem Gespräch mit einem Mitarbeiter der militärischen Abwehr, der an der Suche nach dem «schwarzen Kasten» beteiligt war:

«Unsere Aufgabe war ganz bescheiden. Im Suchgebiet befanden sich viele ausländische Schiffe. Wir achteten darauf, daß es zu keinen Provokationen von ihrer Seite kam, und führten prophylaktische Arbeiten durch.»

«Warum solche Wachsamkeit?»

«Das ist unsere übliche Arbeit.»

Ja, die «Mirtschink» war zweifellos der Hauptschauplatz der Ereignisse. Doch während «Hilfstruppen» um das Bohrschiff manövrierten und drifteten, schickten die Murmansker Taucher, die zu den Hauptakteuren werden sollten, Telegramme nach Hause, in denen sie darum baten, Geld zu schicken. Nachdem sie in aller Eile per Militärhubschrauber von ihrem Ausbildungsschiff geholt worden waren, hatte man sie in einem Wohnheim untergebracht und anscheinend lange Zeit vergessen.

ZWEI

War die Boeing
eine Passagiermaschine?

Im Oktober 1983 war ein relativ kleines Gebiet im Japanischen Meer vor der Insel Moneron außerordentlich belebt. Jetzt, da wir in der UdSSR endlich rechnen gelernt haben (auch mit Rüstungsausgaben), wäre es interessant, die Kosten dieses Schauspiels zu erfahren, das sich auf hoher See und darunter vor acht Jahren abgespielt hat. Was mag allein die «Fischfang-Inszenierung» mit zwei Dutzend Schiffen gekostet haben? Diejenigen, die dort vor Moneron «gefischt» haben, erklären, sie hätten ihr Geld in voller Höhe von ihrer Lohnstelle ausgezahlt bekommen. Dabei handelte es sich nicht um eine Operation im Kriegszustand, wo Kosten keine Rolle spielen. Der Tatarische Sund war nicht der Persische Golf! Es ging nur darum, mit größtmöglichem Erfolg die eigenen Bürger und das Ausland zu täuschen.

Unterdessen saßen die Taucher (Spezialisten wie die von der Murmansker «Sprut» gibt es höchstens fünfzig im ganzen Land) bis Ende September im Wohnheim in Newelsk und kamen vor Langeweile um. Das erzählte uns der Chef der Taucherabteilung der Vereinigung Arktikmorneftegas, Wladimir Sachartschenko.

«In Seweromorsk, das ist in der Nähe von Murmansk, wurde uns gesagt, es handele sich um eine dringende Mission auf Sachalin. Dort würden wir alles Nähere erfahren. Was für eine Arbeit das war, wurde uns nicht erklärt. Damals wußten wir noch nichts, wir waren auf See gewesen und hatten keine Zeitung gelesen...

Erst als wir in ein Militärflugzeug stiegen, kriegten wir aus Gesprächen mit, daß eine Boeing abgeschossen worden war. Auf dem Flug nach Moskau reimten wir uns schon zusammen, was wir tun sollten. Wir wußten nur nicht, wie tief wir tauchen müßten. In Moskau stiegen noch zwei Männer aus der Hauptverwaltung zu, und wir flogen weiter nach Sachalin. Alles verlief in furchtbarer Hektik. In Jushno-Sachalinsk wurden wir abgeholt und in ein Wohnheim gebracht.

Dort wurden wir vergessen, bis zum Monatsende. Erst Ende September wurden wir von einem Minenräumer der Marine auf die ‹Mirtschink› gebracht und erfuhren schließlich, daß wir nach dem Flugzeug suchen sollten.»

Unterbrechen wir Sachartschenko und wenden uns einem anderen Zeugen zu, Shan Alestschenko, dem Obergehilfen des Kapitäns der «Mirtschink». Er hielt sich vom 10. September bis zum Ende der Sucharbeiten auf dem Schiff auf und erzählt, die «Mirtschink» habe die Absturzstelle nicht gleich gefunden, was nicht nur an der ungewöhnlichen Aufgabe, sondern auch an der schlechten Abstimmung der Behörden gelegen habe. Suche und Bergung lagen in der Hand der Seestreitkräfte, aber die Koordinaten der Abschußstelle wußte nur die Luftverteidigung. Auf der «Mirtschink» waren Angehörige der Marine aus Sowjetskaja Gawan, Experten von den Luftstreitkräften, die bei der Identifizierung der Trümmer halfen.

Das Bohrschiff «Michail Mirtschink» verharrt auf der Stelle über der Boeing. Amateuraufnahme aus dem Jahr 1983.

Sie ermittelten ungefähr das Suchgebiet, das zu Anfang ziemlich groß war. Danach mußte der Meeresgrund abgetastet werden. Dazu war ein Seitenrichtsonar nötig, ein akustisches Gerät mit hoher Auflösungsfähigkeit. Es erzeugt eine Art «Bild» vom Meeresboden. Die Militärs verfügten nicht über ein solches Gerät (oder war es nicht einsatzbereit?). Die Seestreitkräfte versuchten, das Gebiet mit einem Schleppnetz zu durchkämmen, sie fanden auch tatsächlich Flugzeugtrümmer. Später sahen die Taucher, daß das Netz über die Mitte der Fundstelle geschleift war und die Wrackteile über anderthalb Kilometer verstreut hatte. Das Wichtigste konnten die Militärs mit ihrer Methode natürlich nicht erreichen. Es war unmöglich zu ermitteln, an welcher Stelle der «Fang» ins Netz gegangen war.

Es gab keinen anderen Ausweg, als sich den Meeresboden anzusehen. Sachartschenko erzählt:

«Von der ‹Mirtschink› wurde eine Kamera hinuntergelassen und der Meeresboden damit abgesucht. Die ganze Zeit, während wir da rumgammelten, haben unsere Kollegen auf diese Art gesucht. Aber nichts gefunden. Ein, zwei Tage haben wir uns das angesehen. Die Sache war meiner Ansicht nach völlig sinnlos, denn man konnte nicht mehr als drei Meter weit sehen. Und was sind schon drei Meter im Meer?

Wir haben vorgeschlagen, eine bemannte Taucherglocke runterzulassen. Vier Männer saßen darin, einer sah nach vorn, einer nach rechts, einer nach links und einer nach unten. So erweiterte sich der Suchradius auf fünfzehn Meter. Wir markierten die Stelle, von der wir ausgingen, mit einem akustischen Sender.

Das Meer ist dort 174 Meter tief. Der Boden eben und fest, Sand und kleine Muscheln.

Am dritten Tag fanden wir das Flugzeug.

Ich hatte mir vorgestellt, es würde ganz sein, vielleicht halbzerstört... Die Taucher würden reingehen und alles sehen. In Wirklichkeit war die Boeing stark beschädigt, total zersplittert. Die größten Trümmer, die wir gesehen haben, waren besonders stabile Teile der tragenden Konstruktion, sie waren anderthalb, zwei Meter lang und fünfzig, sechzig Zentimeter breit. Alles andere waren winzige Teilchen...

Außer den Wrackteilen lagen dort jede Menge Sachen, was so als Gepäck aufgegeben wird. Kleidungsstücke, Dokumente, Portemonnaies, Damenhandtaschen... In Anzügen und Mänteln fanden wir Dokumente. Wir hatten Befehl, sie zu bergen. Wir bargen auch die Kleidung, nicht alles, nur wenn wir die Dokumente nicht gleich dort unten rausholen konnten. Pässe haben wir gefunden, irgendwelche Papiere.

Das haben die Militärs an sich genommen und auf die

‹Sewastopol› gebracht. Wir haben die Funde weder beschrieben noch protokolliert. Nichts dergleichen. Wir haben einfach alles den Militärs gegeben.

Gegen Ende der Arbeiten haben die Jungs es fertiggebracht zu filmen, wir hatten eine Fernsehkamera. Wir haben das ganze Flugzeug aufgenommen. Aber den Film mußten wir abgeben, er wurde nach Moskau gebracht. Wohin? Das weiß ich nicht. Es gibt immer nette Menschen – irgend jemandem paßte es nicht, was wir dort filmten, der hat uns verpfiffen. Wir wurden aufgefordert, den Film herauszugeben, das haben wir gemacht.

Wir hatten mehrere Aufgaben. Erstens die Bergung von Dokumenten. Egal, was für welche! Alle Papiere, die wir fanden, sollten wir einsammeln und hochbringen. Zweitens die Suche nach Teilen von elektronischen Geräten. Wir haben alles geborgen und abgeliefert, auch Recorder. Und Tonbänder, die waren total durcheinander. Wir haben alle möglichen Blocks, Kästen und Kisten aufgesammelt. Von der ‹Mirtschink› wurde ein großer Spezialkorb heruntergelassen, da haben wir alles reingepackt. Oben haben Experten dann sortiert; was sie brauchten, wurde verpackt und an Land gebracht und von dort nach Moskau. Am 28. oder 29. Oktober hieß es: ‹Das war's, Jungs, Schluß.› Aber das Wichtigste ist nicht, was wir gesehen haben, sondern das, was wir nicht gesehen haben – die Taucher haben faktisch keine menschlichen Leichen gefunden!»

Im Verlauf unserer Recherchen haben wir nicht nur mit Sachartschenko, der die Arbeit der Taucher leitete, über die Funde gesprochen, sondern auch mit denen, die sechs Stunden am Tag unter Wasser waren, mit den Tauchern Grigori Matwejenko, Wadim Kondrabajew und Wladimir Kostykow. Hier einige Auszüge aus ihren Berichten:

Die einzigen, die auf dem Meeresboden bei den Flugzeugtrümmern gearbeitet haben: Wadim Kondrabajew, Grigori Matwejenko, Wladimir Kostykow, Sergej Godorosha. Die Aufnahme entstand unmittelbar nach Beendigung der Arbeiten auf Sachalin.

«Wenig. Wenn es stimmt, daß über zweihundert Leute in der Maschine waren... Wir haben gedacht, wir würden da unten einen Friedhof vorfinden. Aber... Am ersten Tag nichts, am zweiten nichts... Wir gewöhnten uns daran. Als ich dann das erste Mal was fand, hab ich keinen Schreck gekriegt, sondern mich gewundert. Dann habe ich Knochen gefunden. Zwei Stück. Ich hab sie in die Hand genommen. Dann hab ich Menschenhaut mit Haaren gesehen. Schwarze Haare. Dann eine Hand, ich glaube, mit einem Handschuh. Und dann, weißt du noch, haben wir einen Körper ohne Kopf gefunden, der hatte eine Jacke an.»

«Ich war jedesmal mit unten. Ich hatte den Eindruck, das Flugzeug war voller Müll, Leute waren da nicht drin.

Warum? Na, wenn ein Flugzeug abstürzt, auch wenn es nur ein kleines ist, dann müssen doch Koffer und Taschen da sein, wenigstens die Griffe davon. Aber was wir gefunden haben, können normale Menschen nicht im Flugzeug mitgenommen haben. Zum Beispiel eine Rolle Amalgam, wie von der Müllkippe. Auch die Kleidungsstücke – nur Lumpen, völlig zerfetzt. Gebeine hab ich nicht gesehen, nichts dergleichen.»

«Wir haben doch fast einen Monat lang gearbeitet. Und praktisch nichts gefunden. Wenig Kleidungsstücke, Jacken, Mäntel, Schuhe oder so was, sehr wenig. Wir haben zum Beispiel einen Haufen Puderdosen gefunden. Die waren noch ganz, nur die Spiegel innen waren seltsamerweise zerbrochen. Das Plastik war unversehrt, aber die Spiegel darin zerbrochen. Oder die Schirme. Sie waren alle in Hüllen, die völlig in Ordnung waren, aber die Schirme selbst waren hin, nicht mehr zu gebrauchen. Verbogene Messer und Gabeln haben wir gefunden. Was muß das für ein heftiger Aufprall gewesen sein!»

Diese Fassungslosigkeit angesichts der geringen Zahl von Hinweisen auf die Opfer ließ uns aufhorchen. Verständlich, warum der Pilot, der die koreanische Boeing 747 abgeschossen hat, nicht glauben will, daß 269 Passagiere in der Maschine saßen. Aber zweifeln auch die Taucher daran? Sie haben ja als einzige den Ort gesehen, wo die Tragödie endete.

In der Presse war die Rede davon gewesen, daß das Flugzeug am fernöstlichen Himmel leer geflogen, daß die ganze Geschichte der KAL eine großangelegte Mystifikation und Fälschung sei. Könnte diese Vermutung doch der Wahrheit entsprechen?

Antwort auf die Frage zu geben, was mit den Menschen passiert ist, wenn überhaupt welche an Bord der Maschine waren, erfordert besonderen Takt, und es fällt uns sehr schwer, darüber zu schreiben. Aber es ist notwendig.

Die Taucher legen sich nicht fest, sie weichen klaren Antworten aus. Sachartschenko:

«Wir haben Hosen mit Löchern an den Knien gefunden, der Gürtel war rausgerissen, der Rest war ganz. Was bedeutet das? Wahrscheinlich hat jemand diese Hosen angehabt. Als wir nach Murmansk zurückkamen, haben wir die Zeitungen gelesen. Wir wollten ja wissen, was die so schrieben. Damals hab ich gedacht, man kann doch den Tod von so vielen Menschen nicht vortäuschen. Ihre Verwandten in Korea, Thailand und Taiwan ausfindig machen, die sie beweinen. Das kann man bei zwei, drei Leuten machen, aber doch nicht bei über zweihundert.

Uns wurde erklärt, daß ein Flugzeug beim Absturz zerbirst. Dieses war ja mit 900 Stundenkilometern und in gewaltiger Höhe geflogen. Beim Absturz nahm seine Geschwindigkeit noch zu. Sie muß so bei tausend Stundenkilometern gelegen haben, als es auf dem Wasser aufprallte und zerschellte. Das Trägheitsmoment wirkte auch im Wasser weiter, das Flugzeug zerbarst weiter. Außerdem wurde erzählt, es sei vor dem Aufprall explodiert. Wer weiß?

Aber gebrannt hat es nicht, die Sachen waren ganz, wenn auch kerosingetränkt. Durch und durch. Und sonst ... Wissen Sie, es wurde allerlei erzählt damals: da seien gar keine Leute dringewesen, das sei eine Fälschung. Auch ich hatte erst den Eindruck. Es gab fast keinen Hinweis darauf, daß Menschen dringewesen waren, außer den persönlichen Sachen. Die waren da. Und die Kleidung war offensichtlich getragen worden. Warum? Weil sie zerrissen war. Die Menschen, denke ich, sind von den Flugzeugteilen zerfetzt worden. Außerdem war schon über ein Monat vergangen, als wir kamen. Fast zwei, wir haben das Flugzeug ja erst am 17. oder 18. Oktober gefunden. Zehn Tage haben wir da unten gearbeitet. Dort gibt es jede Menge Krabben, Garnelen, Fische, sogar Kraken haben wir gesehen. Ich hab die Taucher gefragt: ‹Habt ihr Menschen gefunden?› Keiner hat klar ‹ja› gesagt. ‹Ich glaube, ja›, so sagten sie. Und offizielle Meldung darüber machten sie schon gar nicht.»

Die Zweifel der Taucher sind verständlich. Sie hatten sich vorgestellt, eine große Menge Gebeine zu finden. Einen ganzen Friedhof! Und Angst davor gehabt. So stand das Wenige, was sie entdeckten, in krassem Gegensatz zu ihren Erwartungen. Deshalb die Zweifel. Doch auch das Cockpit war leer, genauer, die Stelle, wo seine Trümmer gefunden wurden. Keine Spur von den Piloten. Und ohne sie hätte das Flugzeug nun keinesfalls auskommen können.

Vermutlich findet sich schon in den Überlegungen der Taucher die Erklärung für das Verschwinden der Menschen. Zum Beispiel die Krabben und Garnelen. Ortskundige behaupten, schon zwei Wochen würden genügen, damit jede Spur von organischem Gewebe verschwindet. Die Meerestiere und das Salzwasser tun das Ihre. Und die Knochen und Schädel? Durch den Aufprall sind ja selbst die superfesten Flugzeugkonstruktionen zerstört worden. Wie sollten vergängliche Gebeine ihm standhalten? Darüber hinaus müssen die Strömungen am Meeresgrund und in der gesamten 170 Meter tiefen Wasserschicht berücksichtigt werden.

Kurz nach dem Erscheinen dieses Teils unserer Untersuchungen meldete sich auf unsere Bitte um Einschätzungen von Experten ein Biologe, Juri Kurotschkin. Hier sein Kommentar:

«Ich habe seinerzeit in Wladiwostok gearbeitet, im Pazifik-Forschungsinstitut für Fischereiwirtschaft und Ozeanologie. Dort leitete ich das Labor für Meeresparasitologie. Bereits vor dem Boeing-Absturz bin ich gelegentlich als Sachverständiger konsultiert worden.

Etwa an der gleichen Stelle, wo die Boeing abgestürzt ist, war ein sowjetischer Erztransporter gekentert. Die Besatzung konnte sich in Schwimmwesten retten. Doch fast alle starben an Unterkühlung. Die verantwortlichen Genossen suchten mich auf und befragten mich. Alle Seeleute wurden gefunden, denn sie hatten ja Schwimmwesten an und schwammen auf der Wasseroberfläche. Über Wasser sah alles normal aus, aber unter Wasser waren nur noch Knochen. Meine Gesprächspartner interessierte das aus irgendeinem Grund besonders. Ich erklärte es ihnen, so gut ich konnte, und schrieb ein Gutachten, in dem es hieß, daß es viele Arten kleiner Krebstiere gibt, die dazu fähig sind. Ich habe in Australien, im Raum Japan und an vielen anderen Orten gearbeitet. Ich habe Experimente durchgeführt, die das bestätigen. Die Version, daß keine Passagiere gefunden wurden, weil sie von Meeresbewohnern aufgefressen wurden, ist also durchaus begründet.

Aber ich bestehe nicht darauf, daß es nur eine Version gibt. Ich bin früher einmal mit Sportflugzeugen geflogen, ich war Segelflieger. Einmal habe ich gesehen, wie ein Fallschirmspringer abstürzte, weil sich sein Fallschirm nicht öffnete. Der Wind riß ihm die Kleidung vom Leib, der Mund war vom Gegenwind aufgerissen. Was dann auf der Erde lag, war kein Mensch, sondern Hackfleisch – entschuldigen Sie den Vergleich –, verpackt in eine Kombination. Dabei war er mit relativ geringer Geschwindigkeit gefallen und nicht tiefer als sechshundert Meter. Ich vermute, daß bei der Boeing das gleiche passiert ist. Beim Aufprall aufs

Wasser wird das Fleisch von den Knochen gerissen; die Körper waren zu einer breiigen Masse geworden. Wenn selbst die Titanhaut des Flugzeugs geplatzt war! Man kann sich vorstellen, was für eine Wucht der Aufprall hatte. Was weiter passiert ist, habe ich Ihnen schon beschrieben. Wirbellose und Fische haben das Werk vollendet. Darum wurde nichts gefunden. Es ist also wahrscheinlich kein Rätsel.»

Ein leitender Taucherspezialist der Abteilung Erkundungsbohrungen im Pazifik, Michail Demtschischin, der während der Suche nach der Boeing ebenfalls auf der «Mirtschink» arbeitete: «Stellen Sie sich den Sturz des tonnenschweren Jumbos mit annähernder Schallgeschwindigkeit vor. Einige Passagiere schnallen sich in der Panik an, andere werden von heftigen Stößen ins Heck geschleudert. Es ist grauenhaft. Außerdem war ich bereits früher an der Suche nach Objekten beteiligt, die ins Wasser gestürzt waren. Ich versichere Ihnen, bei einem so gewaltigen Aufprall auf die Wasseroberfläche zerbersten nicht nur Körper, jeder einzelne Knochen zersplittert. Und vergessen Sie nicht, das alles hat dann noch über einen Monat im Meer gelegen.»

Noch einmal Auszüge aus den Schilderungen der Taucher Matwejenko, Kostykow und Kondrabajew: «Nein, sterbliche Überreste von Menschen sollten wir nicht bergen. Nur Bauteile, Tonbänder, Dokumente und den schwarzen Kasten. Den hat uns zwar keiner gezeigt, aber beschrieben. Wir haben Kästen geborgen, die so aussahen. Ein paar Flugzeugteile haben wir geborgen, Teile der Außenhaut. Auf einem Stück war ein Zeichen, ein Kreis und zwei Kommas. Na, Sie wissen schon, zwei solche Kommas, die einen Kreis bilden [vermutlich das ehemalige Emblem der koreanischen Fluggesellschaft KAL]. Ein Rettungsfloß haben wir noch ge-

Aufnahmen vom Meeresboden:
Schwimmweste mit KAL-Emblem

borgen. Und ein gutes Messer. Aber wir hatten wenig Zeit, uns zu orientieren. An einigen Stellen lagen die Trümmer an die anderthalb Meter hoch, der reinste Schrottplatz. Manchmal lag plötzlich ein Fahrwerk an einer Stelle, sonst nichts. Oder ein Büstenhalter. Dann wieder ein größeres Teil. Oder ein ganzer Haufen, wie auf einer Müllkippe. Metallstücke, Fetzen, Kabel. Wenn du näher hinguckst, lauter Sachen, auch Kindersachen. Ich weiß noch, einmal war ich wie vom Donner gerührt, da habe ich eine Tragetasche gefunden, wissen Sie, so eine für Säuglinge. Und natürlich Kleidungsstücke von Erwachsenen, viel Frauenwäsche, Dokumente, Koffer. Technische Geräte – Tonbandgeräte, Recorder. Aber die waren wie mit dem Vorschlaghammer zer-

Flugzeugtrümmer

Buch

trümmert. Und Bücher, drei, vier Stück. Vietnam-Balsam. Wir haben alles in einen großen Korb gepackt, der war etwa anderthalb mal zwei Meter groß, der wurde dann nach oben gehievt. Wertvolle Dinge wie Fotoapparate oder Tonbandgeräte haben wir in die Taucherglocke gelegt. Im Korb hätte das verlorengehen können.»

«Da gab's allen möglichen Kram. Einmal haben wir Felle gefunden. An die zweihundert Stück. Wir haben sie an der Taucherglocke festgebunden, aber als sie oben ankam, waren sie weg. Ein paar schwammen dann auf der Wasseroberfläche.»

Wadim Kondrabajews Stimme auf dem Band ist kaum zu hören; nach den Arbeiten auf Sachalin hat er sie fast eingebüßt, er kann nur noch flüstern, und die Ärzte können ihm nicht helfen. Die Arbeit dort hat alle vier viel Kraft gekostet (außer den dreien, die wir schon kennen, hat dort noch Sergej Godorosha gearbeitet), fast einen Monat verbrachten sie in der engen Druckkammer, die sie nur verließen, um in der Taucherglocke auf den Meeresgrund zu tauchen. Wer sie bei ihrer Rückkehr gesehen hat, sagt, sie hätten schrecklich ausgesehen: bläulichblaß, die Augen rot von geplatzten Blutgefäßen... Ihr Arbeitstag auf dem Meeresgrund war fast immer länger gewesen, als die Bestimmungen es zulassen, fünf, manchmal auch sechs Stunden. Einmal, als auf einem amerikanischen Schiff ein leistungsstarkes akustisches Gerät eingeschaltet war, mußten die Taucher ihre Arbeit unterbrechen, bis das U-Abwehrschiff «Sewastopol» den Amerikaner «abgedrängt» hatte. «Das war, als wenn dir einer einen stumpfen Nagel ins Ohr bohrt. Wir mußten sofort in die Glocke und nach oben.» Der Arbeitsplatz der Taucher war mit Bojen abgeteilt, Trawler schwammen darum herum und «fischten» – nur so konnten die Taucher vor unerträglichen Schmerzen geschützt werden, die durch Schiffsgeräusche entstanden.

Zur Erinnerung bewahrt Sachartschenko eine Weisung des Ministeriums für Gaswirtschaft und die «Kurze Einschätzung der durchgeführten Arbeiten» auf, die mit dem Absatz «Bemerkungen» endet: «Die Taucharbeiten wurden in 174 Metern Tiefe durchgeführt. Die Taucher waren in 19 Tagen 14mal auf dem Meeresgrund, insgesamt 150 Stunden. Der Gesamtaufenthalt unter Wasser belief sich auf 31 Tage 13 Stunden, die längste ununterbrochene Arbeitszeit unter Wasser betrug 6 Stunden 18 Minuten. Die erreichten Ergebnisse sind in der Geschichte unseres Heimatlandes einzigartig.»

Und die Weisung Nr. 42/10 vom 26. Januar 1984 lautet: «Für die hervorragende Erfüllung eines Sonderauftrags der Regierung und die dabei bewiesene hohe Professionalität hat der Oberkommandierende der Seestreitkräfte, Flottenadmiral der Sowjetunion S. G. Gorschkow am 3. November 1983 der Gruppe von Tauchern und Unterwasserspezialisten seinen Dank ausgesprochen.»

Die Belobigung mußte laut Weisung binnen drei Tagen in die Arbeitsbücher der Taucher eingetragen werden, die Ausführung war zu melden.

Außer dem Dank des Admirals bekamen die Taucher und die anderen Mitglieder der Arbeitsgruppe 200 beziehungsweise 250 Rubel.

Unterdessen tauchten an vielen Uniformen Orden auf, und auch die Anzahl der Sterne auf den Schulterklappen nahm erheblich zu. Vielleicht war die Prämie, über die die Taucher noch heute lachen, deshalb so gering, damit sie so schnell wie möglich alles vergaßen, was sich in diesem Herbst ereignet hatte? Von außen jedenfalls wurde dafür gesorgt, daß sie möglichst bald in Vergessenheit gerieten, und sie wunderten sich sehr über den Besuch eines *Iswestija*-Korrespondenten. «Das ist das erste Mal in sieben Jahren, daß sich jemand an uns wendet. Ich hab jetzt zum erstenmal erzählt, daß ich Überreste von Menschen gesehen habe, bis jetzt hab ich das ‹militärische Geheimnis› gehütet. Wir waren sicher, daß man uns vergessen hat.»

DREI

Der schwarze Kasten oder
Warum der Admiral wütend wurde

Am 29. Oktober erfolgte der Befehl, die Sucharbeiten einzustellen: offensichtlich war das Wichtigste gefunden worden. Gesucht wurde, wie wir wissen, keineswegs nach den Menschen. Gesucht wurde etwas, das man mehr fürchtete als die Tränen und Flüche der Hinterbliebenen.

Im Suchgebiet blieben nach den Novemberfeiertagen nur noch die Fischer, die ihren «Fang» noch einige Tage fortsetzten.

Die «Mirtschink» machte sich wieder auf den Weg zu Bohrarbeiten, doch Besatzung und Taucher führten in ihren Kajüten Andenken an die geheimnisvolle Arbeit mit. Der damalige Kapitänsgehilfe Shan Alestschenko: «Natürlich war es verboten, etwas von dem Geborgenen mitzunehmen, aber die Jungs konnten auf ein ‹Souvenir› zur Erinnerung nicht verzichten. Ich hab Flugzeugtrümmer aus fünf Metern Entfernung gesehen... Ich hatte sogar mal ein Stück von der Außenhaut der Boeing, aus Duraluminium, zwei Schichten, dazwischen eine Polymerplatte... Sogar zwei Dokumente hatte ich. Ich wollte sie unseren Fischern mitgeben, die nach Seoul fuhren, vielleicht, dachte ich, als Erinnerung für die Verwandten, aber die Fischer wollten damit nichts zu tun haben, die Angst sitzt bei uns allen tief...»

Der ehemalige Operator der «Mirtschink», W. Werbitzki: «Die Trümmer wurden geborgen, beschrieben und weggebracht, ich glaube, nach Newelsk, wo sie im Hafen gesammelt wurden. Viele haben sich was als Andenken mitgenommen, aus Titanmuttern haben manche sich Schnapsgläser gemacht. Der Aufprall muß schrecklich gewesen sein, wenn davon sogar die Titanmuttern gerissen sind.»

Wie sehr sich die Mitarbeiter der zuständigen Dienststellen also auch bemühten, alle Spuren von dem koreanischen Flugzeug zu verbergen, es gelang ihnen nicht. Auch die Taucher konnten sich nicht versagen, Andenken mitzunehmen. Bis heute bewahren sie Golfbälle, einen Aschenbecher, Gabeln und Schlüsselanhänger auf.

Ihr ehemaliger Kollege N. Grebzow erinnert sich, daß sie sich nach ihrer Rückkehr nur ungern auf Gespräche einließen – entweder hatten sie etwas unterschrieben, das sie zum Schweigen verpflichtete, oder man hatte sie einfach gewarnt.

Aber ein Golfball oder eine Titanschraube sind Kleinigkeiten, um derentwillen niemand zum Schweigen verpflichtet worden wäre. Wenn es etwas gab, worüber tiefes und ewiges Schweigen gewahrt werden sollte, dann waren es die «schwarzen Kästen». Ihnen galt das Hauptinteresse, sie waren das wichtigste Ziel der Sucharbeiten, wegen dieser Kästen flogen Flugzeuge, schwammen Schiffe und setzten Taucher Leben und Gesundheit aufs Spiel.

Noch einmal Sachartschenko:

«Von Experten weiß ich folgendes. Diese Kästen sind Objekte, aus denen man vollständige Informationen über alle Flugparameter, über den Zustand des Flugzeugs und alle Funksprüche erhalten kann. Darum sind sie so wertvoll. Wenn ein Flugzeug über dem Ozean abstürzt, sollten die

Kästen oben schwimmen, ein Sender schaltet sich ein, der angepeilt und von Hubschraubern oder Schiffen aufgenommen werden kann, um die Ursache der Katastrophe zu untersuchen. Darum ist sehr wahrscheinlich... Unsere Schiffe waren ja nicht gleich dort. Andere konnten uns zuvorgekommen sein, aus Japan oder sonstwoher. Sie konnten die Kästen geborgen haben. Aber waren diese Kästen so ausgerüstet, waren genau solche Kästen in diesem Flugzeug? Ich weiß es nicht. Ich bin kein Flieger. Ich will nichts behaupten. [Hier sagt der Leiter der Taucher weniger, als er weiß; das können wir als erwiesen ansehen. Wir werden später berichten, wie wir darauf kamen.]

Uns wurde nicht gesagt, daß die Arbeiten geheim seien und wir nicht darüber sprechen dürften. Aber ich habe ein Tagebuch geführt, und als die Sucharbeiten beendet waren, wurde es mir weggenommen. [Er lacht, breitet die Arme aus.] O Gott, so ist unser Leben! Da haben sich Wohltäter gefunden, ich wurde in die KGB-Abteilung bestellt und gefragt: ‹Sie haben Tagebuch geführt?› Ich sage: ‹Ja.› – ‹Geben Sie es uns bitte.› Das hab ich gemacht. Ich hab es aus meinem Koffer geholt und abgegeben. Auch der Film, den wir gemacht hatten, wurde eingezogen. Wohltäter... Nun bleibt mir nur die Erinnerung. Aber ob der schwarze Kasten gefunden wurde, kann ich nicht sagen, ich kann es aber auch nicht verneinen. Wir haben alles mögliche hochgeholt. Vielleicht waren die Kästen dabei? Ich bin kein Spezialist, ich kann es nicht genau sagen. Ich weiß auch nicht, ob Menschen da waren oder nicht... Zuerst war ich sicher, das Flugzeug war leer, aber dann – die Sachen, die Dokumente... Ich weiß es nicht.

Am 28. oder 29. Oktober hieß es: ‹Schluß, Jungs, genug...› Übrigens waren wir nicht die einzigen unter Wasser.

Um ganz genau zu sein, die Akademie der Wissenschaften hatte ein Schiff mit Tauchgeräten geschickt. Die haben auch irgendwas geborgen. Sie haben uns eine grellorangefarbene Kugel übergeben. Sonst haben sie nichts hochgeholt.»

Eine grellorangefarbene Kugel. Etwas Ähnliches kommt in vielen Augenzeugenberichten vor. Alestschenko: «Ich erinnere mich genau, daß die sogenannten ‹schwarzen Kästen› gefunden wurden, die Militärs haben sie mitgenommen. Es sollen zwei gewesen sein, aber ich habe nur einen gesehen, eine grellrote Kugel, etwa so groß wie ein Volleyball. Irgendwelche ‹Spezialapparaturen› [zur Spionage] gab es in der Boeing nicht, soviel ich weiß. Sie ist einfach über Kamtschatka und Sachalin geflogen, um das Warnsystem unserer Luftverteidigung auszulösen.»

Rot, orange oder rosa. Einer, zwei oder drei. So groß wie ein Volleyball oder wie eine Schreibmaschine. So differieren die Aussagen. Doch bei allen Unterschieden in der Beschreibung des «besonders wichtigen Gegenstands» (es waren zur Zeit unserer Recherchen immerhin sieben Jahre vergangen) sind wir häufiger auf Bestätigung gestoßen – «Ja, sie wurden gefunden!» – als auf Zweifel daran.

Noch eine anonyme Aussage eines Mannes, der auf der «Mirtschink» gearbeitet hat: «Laut Vorschrift müssen in der Boeing vier Kästen sein. Geborgen wurden drei, zwei waren in Ordnung, einer war deformiert. Sie sehen aus wie ein großer Kringel, sie haben hermetische Deckel und Stecker für den Anschluß ans Bordnetz. [Das ist leider ein Irrtum.] Sie sind gewöhnlich in der Nähe der Seitentüren angebracht. Normalerweise sind sie rot oder rosafarben. Sie sind so konstruiert, daß sie starke Stöße aushalten. Sie wurden in Säcken mit Wasser an Bord des Schiffes gebracht.

Das Grenzerboot, das die Boeing-Trümmer, Dokumente und Apparate vom Bohrschiff «Michail Mirtschink» auf das große U-Abwehrschiff «Petropawlowsk» brachte. Aufnahme von Ende September 1983.

Von der ‹Mirtschink› haben Militärs mit einem Grenzerboot sie geholt. Mit Hilfe von Experten wurden die Wrackteile auf außerstandardmäßige Ausrüstung [schlicht: Spionagegerät] untersucht. Es wurde nichts dergleichen gefunden.»

Ein Anruf in der Redaktion. Der Anrufer ist ruhig, streng und präzise: «Ich bin Militärangehöriger, bin zur Zeit auf einer Dienstreise in Moskau. Ich möchte Ihnen über die Boeing mitteilen, was ich weiß. Aber ich sage Ihnen gleich, reden werde ich nur am Telefon, kein Treffen, und Sie erfahren weder meinen Dienstgrad noch meinen Namen oder Dienstort. Sind Sie mit diesen Bedingungen einverstanden?»

Was blieb uns übrig? Schon nach seinen ersten Sätzen

war klar, daß es sich nicht um eine Provokation oder Desinformation handelte. Er sprach viel von Dingen, die wir schon wußten, nannte Namen und Ereignisse, auf die wir bei unseren Recherchen schon gestoßen und die durch entsprechende Dokumente belegt waren. Aber sein Bericht enthielt auch einige neue Nuancen, darum hier kurz sein Inhalt:

«Ich diente damals bei der Flotte und war an der Suche nach der koreanischen Boeing 747 beteiligt. Die Operation ging so vor sich: An die Absturzstelle, die nach den an der Oberfläche schwimmenden Gegenständen aus der Luft ausgemacht wurde, kam eine Gruppe von Militärräumschiffen. Das Gebiet wurde mit Bojen ‹abgesteckt›. Die Räumfahrzeuge kämmten den Grund ab. In Newelsk auf Sachalin befand sich der Stab, zu dem der damalige Chef der Aufklärung der Luftstreitkräfte gehörte, an den Namen erinnere ich mich leider nicht mehr, er war Held der Sowjetunion. Dort waren auch Militärtechniker, zum Beispiel aus dem Ministerium für Flugzeugbau. Ein anderer Stab hatte sein Quartier auf dem Flaggschiff ‹Petropawlowsk›. Es wurde von Konteradmiral Wladimirow und Konteradmiral Apollonow befehligt. Die gesamte ‹Seeoperation› leitete der inzwischen pensionierte Chef der Pazifikflotte, Wladimir Wassiljewitsch Sidorow. Alles, was von dem in neutralen Gewässern abgestürzten Flugzeug geborgen wurde, Sachen und Wrackteile, wurde auf die ‹Petropawlowsk› und nach Newelsk gebracht, wo hochqualifizierte Spezialisten es sortierten. Gesucht wurde der schwarze Kasten, genauer gesagt, *die* schwarzen Kästen, die Geräte von der Boeing, deren Aufzeichnungen von unschätzbarem Wert für die Aufklärung der wahren Umstände sind.

Ich wage zu behaupten, daß dieser schwarze Kasten ge-

borgen und nach Newelsk gebracht wurde, wo Flugzeug-
experten ihn untersuchten. Danach wurde er in einen Container mit Meerwasser verpackt. Wahrscheinlich war eine
gründliche Analyse auf Sachalin nicht möglich, und das
supergeheime Paket, das kann ich bezeugen, wurde nach
Moskau gebracht.»

«Wohin? Kennen Sie den Adressaten?»

«Leider nein. Aber ich bin sicher, die Leute, die ich Ihnen
genannt habe, und der damalige Chef des Militärbezirks
Fernost und jetzige Chef der Luftverteidigung des Landes,
Tretjak, wissen es. Aber ob sie es sagen werden? Ob sie
heute darüber reden werden, da bin ich nicht sicher. Obwohl
sie eigentlich nichts riskieren würden. Die meisten sind
heute Rentner.»

Kurz nachdem der Seemann aufgelegt hatte, klingelte erneut das Telefon. Der Anrufer tat sich keinen Zwang an und
war nicht wählerisch mit seinen Ausdrücken. Er fluchte
wüst und machte seinem Ärger Luft: «Auf wen hören Sie
da, wenn Sie Ihre Artikel schreiben. Die Leute, die Ihnen
solchen Blödsinn erzählen, konnten nicht über ihre eigene
Nasenspitze hinaussehen...»

Unsere Artikel zeigten Wirkung – offenbar hatten sie
einen ranghohen Militär so geärgert, daß er sich nicht be-
herrschen konnte und in der Redaktion anrief. Es war ein
Admiral, einer der Verantwortlichen der Suchaktion. Obwohl er uns nicht gestattete, seinen Namen zu erwähnen,
rief er noch öfter an, um uns Ratschläge und «Anweisungen» zu erteilen. Ihn plagten offenbar widersprüchliche Gefühle – einerseits mußte er als Militär schweigen, andererseits war seine Eitelkeit verletzt, weil in der Zeitung nur von
seinen Untergebenen die Rede war, während er, der Organi-
sator, mit keinem Wort erwähnt wurde.

«Ihre Veröffentlichung ist gegen die Marine gerichtet. Sie schreiben alle Verdienste den Tauchern von der ‹Mirtschink› zu, und das ist gelogen.

Alles begann damit, daß wir die Information bekamen, ein Flugzeug habe die Staatsgrenze im Raum Kamtschatka verletzt. Dort befinden sich unsere Stützpunkte. Spät in der Nacht [vom 31. August zum 1. September] trafen der Chef der Flotte und mehrere Offiziere im Stab ein. Auf der Befehlsstelle wurde ein Posten eingerichtet, wo alle Informationen über den Grenzverletzer eingingen. Als das Flugzeug in den Raum über dem Ochotskischen Meer eindrang, dachten unsere Offiziere, es würde über die Kurilen oder über Sachalin entkommen. Dort befanden sich ebenfalls unsere Stützpunkte, dort war Luftabwehr stationiert. Ich vermutete, der Eindringling würde unseren Luftraum über den Kurilen verlassen. Alle Abwehrkräfte wurden in Alarmbereitschaft versetzt...»

«Hatten Sie eine Ahnung, was für ein Flugzeug das war?»

«Nein. Wir waren überzeugt, daß es sich um einen Eindringling handelte. So weit kann sich ein Passagierflugzeug einfach nicht verirren. Bedenken Sie außerdem, die Amerikaner benahmen sich zu der Zeit äußerst herausfordernd. Sie verletzten oft unseren Luftraum. Wir waren alle gereizt...

Schließlich war klar, daß das Flugzeug Kurs auf Sachalin hielt. Das rief Verwirrung hervor. Wir hatten doch erwartet, daß es abdrehen würde, wenn es über neutralen Gewässern angelangt war. Aber es flog stur weiter.

Als wir erfuhren, daß das Flugzeug angegriffen worden war, daß man Waffen eingesetzt hatte, analysierten wir die Informationen, um die Absturzstelle zu bestimmen. Die Schiffe bekamen den Befehl, das Gebiet, in dem wir das Wrack vermuteten, anzulaufen. Mehrere Schiffe nahmen sofort mit voller Fahrt Kurs darauf. Bald meldete eines viele kleine Gegenstände auf der Wasseroberfläche (das war zwei, drei Stunden nach der Mitteilung vom Abschuß der Maschine). Vermutlich Teile der Boeing. Aber die Strömung ist an dieser Stelle sehr stark. Die Teile wurden nach Süden getragen. Ich ordnete an, nach den Angaben der Luftverteidigung und des Kapitäns die Absturzstelle zu berechnen. Dabei wurden auch mögliche Fehler der Radardienste bei der Peilung und Distanzermittlung berücksichtigt. Es ergab sich ein ellipsenförmiges Gebiet. Aber seltsam: Es fiel nicht mit dem zusammen, das der Schiffskapitän gemeldet hatte. Daraufhin wurde eine Fläche von etwa zwölf mal zwanzig Kilometer als Ausgangsgebiet genommen.

Ins Suchgebiet wurden Räum- und Vermessungsschiffe mit Echolot und Magnetometern geschickt sowie mehrere U-Boote. Es liefen Gespräche über den Einsatz von Technik anderer Behörden, darunter solcher, die erst im Teststadium war. Ich setzte mich mit der Leitung der Fischfangorganisation ‹Dalryba› in Verbindung und sprach mit ihr den Einsatz der in der Nähe befindlichen Schiffe der Fischereiflotte ab. Etwa zwanzig Schiffe trafen ein. Erst einige Tage später wurde der Einsatz der ‹Mirtschink› erwogen.

Zuerst suchten also U-Boote der Kriegsmarine den Grund ab. Aber den Notsender, ein Gerät, das auf dem ‹schwarzen Kasten› installiert ist und Signale sendet, fanden sie nicht. Dann beteiligten sich Vermessungsschiffe an der Suche. Und ein bemanntes Tauchgerät, eine Art U-Boot. Auch die Fischereifahrzeuge beteiligten sich. Das Gebiet wurde abgesucht. Zuerst wurden irgendwelche Tonnen und Metallteile gefunden, die nichts mit dem Flugzeug zu tun hatten. Dann endlich ein Erfolg: Fischer hatten Gegenstände und Dokumente, Tonbänder und eine Kinderhand im Netz. [Zum erstenmal gab hier jemand anders als die zivilen Taucher einen Hinweis darauf, daß Überreste von Passagieren der KAL 007 gefunden wurden.] Es wurde noch einmal ein Räumgerät hinuntergelassen, ein großes Netz, das unten mit Ochsenhaut bespannt ist, damit es besser über die Steine gleitet. Wieder erfolgreich; diesmal wurden Dokumente und Flugzeugteile aufgefischt. Das Suchgebiet wurde eingegrenzt. Bald fand man auch die Abschnitte, wo die Wrackteile lagen. Eine etwa anderthalb mal zwei Kilometer große Fläche. Dann erst wurde die ‹Mirtschink› eingesetzt.»

«Warum hat die Hydroakustik bei der Suche nicht funktioniert?»

«Ganz einfach. Das Flugzeug war beim Aufprall in kleine Teile zersplittert. Davor hatte es offensichtlich noch eine starke Explosion gegeben. Das ‹Kleinzeug› hat kein hydroakustisches Echo. Es konnte nur durch Kontakt gefunden werden, mit Räumgeräten, und schließlich führten die Taucher die Arbeiten zu Ende. Ohne ihre Apparaturen wäre die Suche sehr schwierig gewesen. Die gesamte Seekriegsflotte besitzt keine solchen Geräte. Zum Beispiel keine Tiefseekamera mit Monitorübertragung. Und vor allem – die ‹Mirtschink› hat eine dynamische Positionierung, die das Verharren des Schiffes auf einer Stelle ohne Anker und Tonnen ermöglicht. Das sind sechs computergestützte Steuereinrichtungen, die Windgeschwindigkeit und -richtung, die Strömung usw. berechnen und das Schiff positionieren. Die Marine verfügt bis heute über nichts dergleichen. Die Kriegsschiffe hätten mit Trossen festgezurrt werden müssen. Die ‹Mirtschink› fuhr also zur Suchstelle. Auf dem Fernsehschirm waren schon Flugzeugteile zu sehen, die auf dem Grund lagen. Die Taucher bekamen den Befehl, sie zu bergen. Sie füllten das Netz mit dem ‹Fang›. Ich erinnere mich noch, sie kamen an eine Stelle, wo der Boden mit Hundert-Dollar-Noten übersät war. Sie sahen sie, konnten sie aber nicht erreichen. Daran haben sich noch lange die Gemüter erhitzt...

Die Arbeit wurde von Ausländern sehr behindert; das haben Ihnen ja auch schon die Taucher geklagt. Besonders von den Amerikanern. Sie spielten damals noch nicht die Demokraten und Philanthropen wie heute. Sie waren ständig auf Krawall aus. Sechs amerikanische Schiffe, darunter ein mit Raketen bestückter Kreuzer, und ein paar japanische Schiffe machten einen solchen Lärm, daß die Suche aufs äußerste behindert wurde. Eine Atmosphäre, daß die Arbeit beinah eingestellt werden mußte. Ihre Stationen waren in Betrieb, die Schiffsschrauben sendeten hydroakustische Impulse aus. Das erschwerte die Arbeit unserer (ohnehin nicht allzu effektiven) technischen Mittel. Ohne die Konkurrenten wären wir in zehn, zwölf Tagen fertig gewesen.

Da entschloß ich mich zu einem extremen Schritt. Wir mußten doch schließlich etwas unternehmen: In meinen Plan weihte ich niemanden ein.

Eines Tages sahen alle, wie der amerikanische Schwere Kreuzer ‹Uro› sich plötzlich entfernte. Die übrigen Schiffe folgten ihm. Um die Amerikaner abzulenken, hatten wir einen falschen Notsender ausgesetzt. Außerdem hatten wir die Kapitäne zweier Fischereifahrzeuge angewiesen, sich in das Gebiet zu begeben, wo wir den falschen Köder ausgeworfen hatten – es war dort sehr tief –, und von dort per Funk den Fund zu melden. Das taten sie. Die Fischer schrien: Wir hören den Notsender! Die Amerikaner bissen an. Offenbar hörten sie unseren Funkverkehr gewissenhaft ab. Bald teilten die Amerikaner mit, sie hätten den schwarzen Kasten gefunden, und luden alle Reporter ein. Hubschrauber kamen angeflogen. Einer ist sogar abgestürzt. Die Amerikaner baten um Hilfe. Wir gaben ihnen die Koordinaten der Stelle, wo der Hubschrauber runtergegangen war...»

Doch auch nach dem Abzug der Amerikaner blieben die sowjetischen Militärs nicht allein. Immer noch schwammen in der Nähe zwei japanische Spezialschiffe mit riesigen Kugeln, die sie aufs Wasser ließen: Unser Gesprächspartner erinnert sich: «Was sollten wir machen? Sie haben eine Niederfrequenzortung. An Tauchen war nicht zu denken. Aber zum Glück waren auch sie am Abend verschwunden.

Aber bei uns ging nach dieser Funkmogelei was los! Moskau schlug Alarm: Die Amerikaner haben den schwarzen Kasten gefunden! Die machen keine leeren Worte. Sucht im selben Gebiet. Zum Schein wurden ein paar Schiffe hingeschickt. Zur gleichen Zeit begann die ‹Mirtschink› mit der Arbeit, umgeben von einem doppelten Ring aus Schiffen, die sie umkreisten, die einen im, die anderen gegen den Uhrzeigersinn. Niemand störte sie.

Die Amerikaner fanden natürlich nichts. Sie beruhigten sich. Wahrscheinlich begriffen sie, daß sie reingelegt worden waren.»

«Warum hatten Sie solche Angst, daß der ‹schwarze Kasten› den Amerikanern in die Hände fallen könnte?»

«Für uns stand fest: das Flugzeug hatte sich über Kamtschatka nicht einfach verirrt. Es hatte einen Sonderauftrag. Also mußte es darin spezielle Aufklärungsgeräte geben. Außerdem wußten wir: wenn die Amerikaner ihn zuerst finden würden, konnten sie uns eine Fälschung unterschieben. Wir mißtrauten ihnen...»

«Aber im Flugzeug wurde, soweit ich weiß, keinerlei Aufklärungsgerät gefunden.»

«Ob so etwas gefunden wurde oder nicht, weiß ich nicht.

Aber darum geht es auch nicht. Ich teile die alte Version: das Flugzeug hat unseren Luftraum zu einem bestimmten Zweck verletzt. Auch wenn es außer Passagieren nichts an Bord hatte. Seine Aufgabe war es, das Luftverteidigungssystem auszulösen. Was die KAL 007 erfolgreich getan hat. Gleichzeitig haben spezielle Aufklärungsflugzeuge und Satelliten alle Daten unseres Verteidigungssystems aufgezeichnet.»

«Stimmt es, daß einige der Gegenstände, die auf der Wasseroberfläche schwammen, und einige, die vom Meeresgrund geborgen wurden, den Japanern übergeben wurden?»

«Ja. Ein Schiff aus dem Hafen Wakkanai, das dort ständig herumkreuzte, nahm einiges mit.»

Der Tokioter *Iswestija*-Korrespondent Sergej Agafonow überprüfte das in Japan und teilte uns mit: «Am 26. September lief ein Schiff der japanischen Seesicherheitsbehörde den Hafen Newelsk an. An Bord war ein offizieller Mitarbeiter des japanischen Außenministeriums, Herr Tamba (er war seinerzeit Botschaftsrat in Moskau gewesen). Bei einer Begegnung mit offiziellen sowjetischen Vertretern wurden ihm 76 Fundstücke übergeben. Darunter Teile vom Flugzeugrumpf, persönliche Sachen. Es hieß damals, diese Gegenstände seien im Zeitraum zwischen dem 2. und dem 20. September nördlich der Insel Moneron im Meer gefunden worden. Die zweite Episode spielte sich am 6. Oktober ab. Im Flughafen Chitose [Hokkaido] wurden dem Generalkonsul von Südkorea in Japan 743 von den Japanern geborgene Fundstücke übergeben und sechzig Gegenstände, die von den Sowjets gefunden worden waren. An dieser Zeremonie nahmen unsere Vertreter nicht teil.

Von anderen Kontakten aus diesem Anlaß, die formal fixiert und dokumentarisch belegt wären, ist mir nichts bekannt. Auch von den Toten, die angeblich an die Küste Hokkaidos geschwemmt worden seien, weiß hier niemand.»

Nun weiter der Admiral:

«Mit der Verpackung aller übrigen Dinge befaßten sich Spezialisten verschiedener Behörden, die aus Moskau gekommen waren. Ich erinnere mich nur noch, daß alles zum Hafen Newelsk gebracht wurde. Da saßen die Moskauer.»

«Wurde der ‹schwarze Kasten› gefunden?»

«Es wurden viele Geräte und Gegenstände geborgen, auch Tonbänder. Was darauf war, wußten wir nicht. Damit die wertvolle Fracht nicht oxidierte, haben wir sie konserviert, wie die Spezialisten es verlangten. Ich weiß noch genau: Wir haben alles in Gummisäcke verpackt und sie mit destilliertem Wasser gefüllt, das zur Hälfte mit Spiritus gemischt war. Die Säcke wurden mit einem Sonderflugzeug nach Moskau gebracht. Es waren neun Stück.

Bald bekamen wir den Befehl, die Arbeiten einzustellen. Alles Nötige war gefunden. Wir fuhren weg. Ich weiß noch, wir haben alle auf die Ergebnisse gewartet – die ‹schwarzen Kästen›, dachten wir, werden dechiffriert, und die ganze Welt wird die Wahrheit erfahren. Aber weder in der Presse noch in unseren Dienstdokumenten tauchte etwas auf. Am rätselhaftesten aber war für uns etwas anderes. Es waren etwa anderthalb Monate vergangen, und plötzlich verstummten alle, bei uns und im Ausland, als hätte es die Boeing nie gegeben. Ich habe mit meinen Kollegen oft darüber gesprochen. Sie sagten: Wollen Sie die Wahrheit über die Boeing wissen? Dann beantworten Sie eine Frage: Warum haben die Amerikaner plötzlich aufgehört, in ihrer Presse darauf herumzukauen? Vielleicht ist es für sie auch nicht von Vorteil, daran zu erinnern? Da reimten wir uns unsere eigene Version zusammen: Ja, die ‹schwarzen Kästen› waren gefunden und dechiffriert worden. Aber ihr Text gereichte den Amerikanern nicht zum Vorteil... Weiter passierte folgendes. Die sowjetische und die amerikanische Seite einigten sich. Sie bemühten sich, das für beide Seiten unvorteilhafte Geheimnis so tief und weit wie möglich zu verstecken.»

Die Andeutung des einst hochgestellten Militärs, der uns bis zum Schluß nicht gestattete, seinen Namen und seine Stellung zu nennen, legte uns sehr weitreichende Schlußfolgerungen nahe; wir sollten geheime Fäden zwischen KGB und CIA erkunden. Doch unsere mehr oder weniger erfolgreichen Versuche in dieser Hinsicht gehören in den nächsten Teil.

Vorerst weiter zu den Recherchen über die Ereignisse auf See. Der wütende General hat uns längst nicht alles erzählt. Und nicht alles, was er uns erzählt hat, kann man ohne weiteres glauben.

VIER

Fotos vom Grund
des Japanischen Meeres

Eine Frau rief in der Redaktion an. Mit strenger Stimme sagte sie: «Hier spricht Swetlana Petrowna Girs aus Leningrad, die Frau von Kapitän Girs. Mein Mann hat mich bevollmächtigt, Ihnen mitzuteilen: Die Recherchen der Zeitung sind einseitig und falsch.»

Wir hatten den Anruf aufgezeichnet, wie Dutzende andere auch, ihm aber weiter keine Bedeutung beigemessen – wer konnte nicht alles mit der Arbeit der Journalisten unzufrieden sein? Außerdem waren wir mit etwas anderem befaßt, wir waren nach Sewastopol eingeladen worden. Dieses Signal reizte uns weit mehr als der Anruf der strengen Dame. Die Sewastopoler ließen uns wissen, sie hätten auf dem Grund des Japanischen Meeres gearbeitet. Und zwar vor den Tauchern aus Murmansk!

Eine Sensation war in Sicht. Wir fuhren nach Sewastopol in die Abteilung für Unterwasserforschung der Basis «Hydronaut». In einer Mappe lagen die ersten Fotos vom Tauchgerät «Tindro-2».

Die Frage, mit der uns der Hydronaut Wjatscheslaw Popow in der Stadt am Schwarzen Meer begrüßte, verriet, daß die Sewastopoler Unterwasserforscher gekränkt waren: «Warum haben die Militärs Ihnen nicht gesagt, wer konkret an der Operation beteiligt war? Als Sie mit Ihrer Arbeit begannen, müssen Ihnen Vize-Konteradmiral Sidorow und Konteradmiral Apollonow doch alle Teilnehmer der Expedition genannt haben.»

Wir konnten nur lachen – wenn jemand es nicht eilig hatte, uns die Arbeit zu erleichtern, dann die Militärs. Aber anscheinend nicht nur sie! Auch der Murmansker Kollege der Sewastopoler, Wladimir Sachartschenko, hatte sie mit keinem Wort erwähnt. Es gab also keinen Grund, der *Iswestija* zu grollen – im Gegenteil: wir wollten doch so viel wie möglich über die Ereignisse des Jahres 1983 erfahren.

An dem Gespräch in Sewastopol nahmen außer Wjatscheslaw Popow noch Wladimir Bondarew, Kapitänsgehilfe für wissenschaftliche Untersuchungen, und Wladimir Jaglow teil, Oberingenieur der wissenschaftlichen Gruppe

Das Tauchgerät «Tinro-2», von dem aus die Boeing-Trümmer fotografiert wurden

des Fischerkundungsschiffes «Hydronaut». Alle drei waren an der großangelegten Suchoperation beteiligt gewesen.

Der Apparat «Tinro-2» ist ein Mini-U-Boot mit zwei Mann Besatzung, dem Kapitän und einem Beobachter. Letzterer ist in der Regel Biologe oder Ichthyologe, denn die Sewastopoler Geräte dienen vor allem zur Erkundung der Meeresfauna. Doch sie können zur Unterwasserbeobachtung jeder Art eingesetzt werden. Nur zur Beobachtung, denn aus der «Tinro-2» steigen keine Taucher aus, und 1983 hatte sie auch noch keine «Hand». Die Besatzung verfügte nur über Kameras und Fotoapparate.

Wjatscheslaw Popow:

«Die ‹Hydronaut› lag im September 1983 in Wladiwostok. Wir konnten nicht auf Fahrt gehen, weil immer irgend etwas fehlte. Eines Tages kamen schwarze Wolgas. Männer, die alle die gleichen Schuhe trugen, stiegen aus und gingen zum Kapitän. Am selben Tag erfuhren wir, daß wir auslaufen würden. ‹Aber wir haben dies nicht und jenes nicht›, wunderten wir uns. ‹Es wird alles da sein›, beruhigte uns der Kapitän. Tatsächlich, am nächsten Morgen war alles vorhanden, und wir stachen in See. Das war am 9. September, am 13. trafen wir am Bestimmungsort ein. [Die Unterwasserforscher waren also zwei Wochen nach dem Absturz im Suchgebiet.]

Am 15. September waren wir das erste Mal unten. Vor uns waren Räumgeräte am Werk gewesen. Schwer zu erklären, was die Militärs damit bezwecken wollten. Erst alles über den Boden verstreuen und dann Tauchgeräte runterlassen? Ist doch klar, daß man das umgekehrt macht. Aber vielleicht haben sie mit Absicht alles verteilt, damit überhaupt nichts gefunden wurde? Wer weiß... Aber wahrscheinlich hat der Wunsch, sofort etwas zu bergen, sie zu

Taucherkapsel «Okeanolog», die an den Sucharbeiten beteiligt war

dieser unüberlegten Handlungsweise getrieben. Ob sie Erfolg hatten, wissen wir nicht. Aber wenn, dann hätte man uns nicht zwei Monate lang dabehalten. Außer uns waren da noch die ‹Okeanolog›, ein Forschungsschiff, Murmansker Taucher und Kriegsmarine mit dem Erkundungsschiff ‹Persej›, das in Wladiwostok seinen Heimathafen hat. Das ist ein Kriegsschiff mit Geräten zum Aufspüren von Metall, mit Magnetometern. Sie haben nach dem Trümmermassiv gesucht. Es war noch ein Kriegsschiff da, die ‹Kosmin›, die haben auch vor allem nach Metall gesucht. Wir haben in verschiedenen Planquadraten gearbeitet. Wir wurden nicht gleich ins Zentrum gelassen – vielleicht, weil sie erst ihre Arbeit beenden wollten, vielleicht haben sie auch erst später begriffen, daß wir wertvolle Informationen liefern, nämlich Fotos.

Auf der ‹Kosmin› sind zwei Tauchgeräte, die abwechselnd runtergelassen wurden. Wir konnten sie unter Wasser hören, weil unsere Funkverbindung auf der gleichen Frequenz lag. Sie redeten so miteinander: ‹Eins an zwei›, ‹Zwei an eins›, ‹Empfange Information›, ‹Bereit zum Empfang›. Dann kamen Zahlen: ‹Sieben, acht, neun, Strich, drei, vier, Strich› und so weiter. ‹Hast du verstanden?› – ‹Alles verstanden.› Einmal haben wir mit ihnen geredet: ‹Wie hören Sie mich?› Er antwortet: ‹Ich höre gut.› Wir: ‹Sind Sie weit entfernt?› – ‹Weiß nicht.› Da kam es von oben streng: ‹Gespräch abbrechen!›»

Zuerst sollte die Besatzung der «Tinro» sich auch chiffriert verständigen; sie bekam einen Code, mit dem sie sich arg quälte. «Wir hatten zum Beispiel Tarnbezeichnungen: menschliche Überreste hießen Kaulkopf, Flugzeugtrümmer – Dorsch, elektronische Bauteile – Garnelen, Flugdokumente – Kabeljau usw., lauter Fischnamen. So sollten wir Meldung machen. Wir kamen dauernd durcheinander. Wir wurden immerzu gefragt: Was seht ihr? Aber wie sollten wir das alles nennen? Ein Buch zum Beispiel, wie sollen wir dazu sagen? Oder ein Nerz? Alles kann man nicht chiffrieren, da hätten wir ein ganzes Wörterbuch gebraucht. Dann haben sie es aufgegeben, wir durften wieder unverschlüsselt reden. Weil einfach die dümmsten Situationen vorkamen. Wladimir zum Beispiel hatte eine Hand gefunden. ‹Was sehen Sie?› – ‹Einen Kaulkopf.› – ‹Ist er ganz?› – ‹Nein.›

Natürlich waren ständig ausländische Schiffe um uns rum, aber sie durften dort nicht arbeiten – das ist sowjetisches Nutzungsgebiet. Darum haben wir uns über den Bericht des Militärs gewundert, der erzählt hat, wie er die Amerikaner mit einem falschen schwarzen Kasten reingelegt hat – in diesem Gebiet durfte niemand tauchen. Sie kreuzten natürlich dauernd um uns rum und hörten unseren Funkverkehr ab, dazu ließen sie auch ihre Funkbojen ins Wasser. Kaum gingen wir von Bord – schon seilten sie ihre Boje ab.

Zu Anfang hatten wir sogar Angst – überall Amerikaner! Sie wollen bestimmt die Spuren ihrer Spionageapparatur beseitigen, sie werden uns behindern, vielleicht zünden sie sogar eine Unterwasserbombe! Die ersten Male waren wir dort unten also sehr vorsichtig und blieben immer auf einer kleinen Fläche. Dann haben wir uns daran gewöhnt, es machte uns nichts mehr aus.

Die Funkfeuer auf Moneron und auf Sachalin sendeten ein Signal, das von der Antenne auf unserer ‹Hydronaut› empfangen wurde. Die Militärs zeichneten nach den erhaltenen Koordinaten Karten und schickten uns nach diesen Karten auf die Suche. Die ‹Tinro› war von der ‹Hydronaut› aus unter Wasser gut zu sehen, denn sie zog an einer Fangleine eine orangefarbene Boje hinter sich her. Per Funk bekamen wir Kursanweisungen, und wir meldeten nach oben, was wir unten sahen. Alle Gespräche wurden mitgeschnitten, später überprüft, korrigiert und ans Zentrum gegeben, auf das große U-Abwehrschiff ‹Petropawlowsk›.

Im Tauchgerät lief es so ab: Wenn der Beobachter meldete, daß er etwas sah, stoppte der Kapitän oder setzte sich neben dem Objekt auf den Grund... Wir waren siebzehnmal unten, zwei Besatzungen wechselten sich immer ab, ein Kapitän und ein Beobachter, insgesamt vier Mann.

Ich muß gestehen, wir waren erleichtert, als wir dort unten keine Leichen fanden. Wir fanden auch weder Koffer noch große Taschen. Wir dachten sogar, das mit dem Passagierflugzeug wäre Betrug. Wir dachten, irgendwoanders sei eine Boeing verunglückt, und sie wollten damit das Spionageflugzeug vertuschen.»

Wladimir Bondarew:

«Hier auf dem Foto ist eine Menschenhand. Die hab ich beim zweiten- oder drittenmal gefunden, also zwischen dem 17. und 20. September. Als ich sie entdeckt hatte, wollte ich mich davon überzeugen, daß das keine Attrappe war, und bat den Kapitän, mit dem Apparat drüberzufahren. Als der Knochen zum Vorschein kam, wußte ich, die mußte echt sein. Auch als wir das hier fanden [Bondarew zeigt ein anderes Foto], habe ich keine Ruhe gegeben, bis ich wußte, daß das auch ein Teil von einem Menschen war, vom Bauch.»

Hier unterbrechen wir unsere Gesprächspartner kurz. Die Frage nach den Überresten der Passagiere, so grausam sie ist, ist eine der wichtigsten für unsere Nachforschungen. Darum sind alle Flugzeugabstürze, die irgendwie Ähnlichkeit mit diesem haben, für uns von besonderem Interesse. 1969 verunglückte eine sowjetische IL 18. Wladimir Petrowitsch Solowjow, damals Chef des Seehafens Sotschi, erinnert sich:

«Im Herbst 1969 stürzte eine Maschine vom Typ IL 18 kurz nach dem Start vom Flughafen Adler aus etwa achthundert bis tausend Metern Höhe ins Meer. Beim Aufprall zerschellte das Flugzeug natürlich. Trotz meines Gutachtens, daß die Suche nach sterblichen Überresten, dem schwarzen Kasten und ähnlichem sinnlos sei, wurde auf Beschluß des Vorsitzenden der Regierungskommission, D. F. Ustinow, die Suche aufgenommen. Einen Monat lang arbeiteten Minenräumer, Trawler, Tiefseetauchgeräte und Magnetometer der Seekriegsflotte im Absturzgebiet (100 bis 150 Meter tief). Umsonst. Über den Zustand der Leichen kann ich darum nichts sagen.

Aber einiges fanden wir im Scheinwerferlicht (das Flugzeug war in der Abenddämmerung abgestürzt) und am anderen Tag. In der Nacht wurde das Absturzgebiet von Dutzenden Schiffen abgesucht. Die ersten Anzeichen waren Streifen, Spiralen auf der Wasseroberfläche schwimmender Papiere, kleiner Gegenstände, Sandalen. Am anderen Tag wurden bei Windstille alle im Hafen vorhandenen Gleitboote in das Absturzgebiet geschickt. Sie wurden mit eiligst angefertigten Fangnetzen und Papiersäcken ausgerüstet, um die schwimmenden Gegenstände und Körperteile einzusammeln – es waren vor allem Innereien, Frauenbrüste; Fettgewebe, das wohl beim Aufprall vom Skelett gerissen worden war. Nach einigen Stunden mußte Sprit ausgegeben werden. Dank der Windstille war die Arbeit am Abend beendet, so daß keine Körperteile an die Strände geschwemmt wurden.

Natürlich ist der Absturz der Boeing nicht völlig analog. Flughöhe und Fallgeschwindigkeit waren andere, die Maschine ist anders konstruiert als die IL 18 usw. Trotzdem bin ich überzeugt, was das Fehlen von Toten angeht, muß man nicht nur und nicht in erster Linie Wissenschaftler konsultieren, sondern Leute, die an der Untersuchung ähnlicher Unglücksfälle über dem Meer beteiligt waren.»

Wladimir Solowjow hat recht, wir werden seinem Rat noch folgen. Aber zunächst die Sewastopoler Unterwasserforscher:

«Nach ein paar Tagen kriegten wir ein Schema des Flugzeugs, auf dem eingezeichnet war, wo die schwarzen Kisten angebracht sind – in der Nähe der Toiletten, an den Seiten. Das gaben uns die Militärs von der ‹Petropawlowsk›. Es waren zwei Kästen, orangefarben (Rettungsmittel, Bojen, alles, was weithin sichtbar sein soll, ist auf See übrigens orangefarben). Dort war auch die Größe der Kästen angegeben, sie waren verschieden groß: $500 \times 250 \times 250$ und $140 \times 250 \times 250$.

Nein, wir haben die Kästen nicht gefunden und wissen auch nicht, ob jemand anders sie gefunden hat. Wir erhielten alle Anweisungen von der ‹Petropawlowsk›, alle Funde wurden per Boot dorthin gebracht, auf demselben Weg bekamen wir unsere Anweisungen. Zum Beispiel, daß wir ein Foto vergrößern, fünf oder gar acht Abzüge machen oder in einem bestimmten Planquadrat arbeiten sollten.»

Das Fotografieren der Sachdokumente war die wichtigste Aufgabe der «Tinro»-Besatzung. Während unseres Gesprächs zeigten sie uns die Aufnahmen. Negative und Kontaktabzüge hatte man ihnen natürlich abgenommen. Aber einiges hatten sie doch behalten.

Wladimir Jaglow, der für alle Fotoarbeiten verantwortlich war, die Filme entwickelte und Abzüge anfertigte: «Soviel ich weiß, haben wir nur Fotos gemacht. Wir wurden schrecklich gehetzt. Die Jungs waren kaum oben, da mußten sie gleich zum Kapitän zur Sitzung. Und ich mußte in zwei Stunden alles entwickeln, trocknen, Abzüge machen, verpacken und zum Boot bringen, das die Fotos auf die ‹Petropawlowsk› brachte. Von dort sollen sie nach Moskau geschickt worden sein. Wenn Sie die Negative finden wollen, müssen Sie die Militärs fragen, die müssen alles haben. Daß wir uns dies und jenes aufgehoben haben, weiß keiner, nicht mal auf der ‹Hydronaut›. Aber wie hätten wir uns das verkneifen können? Das Interesse an unserer Arbeit wuchs von Tag zu Tag. Zuerst wurden zwei Abzüge von jedem Foto

«Tinro-2» war mit einer automatischen Kamera ausgerüstet, die alle paar Sekunden in regelmäßigen Intervallen Unterwasserfotos machte. Jedes Bild hat in der oberen rechten Ecke eine Nummer, an Hand deren auf den Meter genau die Stelle auf dem Meeresgrund bestimmt werden kann, die auf dem Foto festgehalten ist.

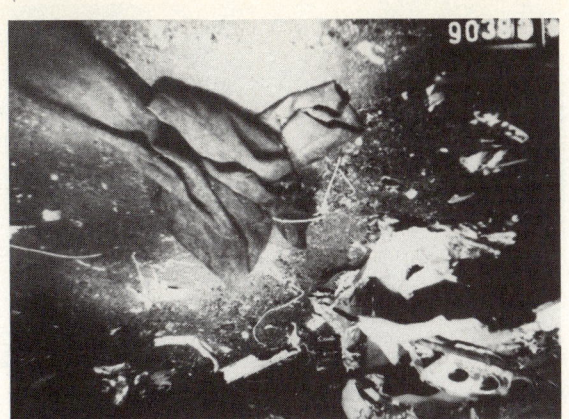

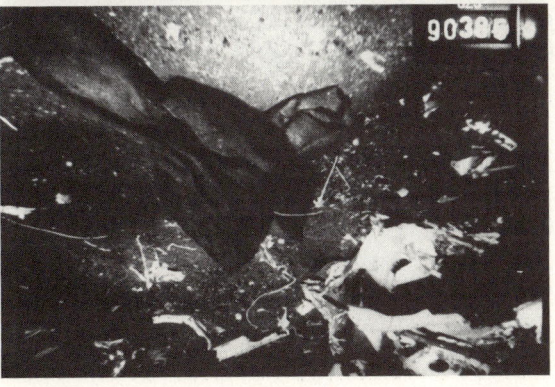

Aufnahme vom Meeresboden: Kinderschuh

verlangt. Dann drei, fünf. Als ein Buch auf dem Grund gefunden wurde, mußte ich das Bild so lange vergrößern, bis es zu entziffern war. Es waren irgendwelche Tabellen und graphische Darstellungen darin.»

Auf dem Tisch liegen einzigartige Fotos. Ein Wimpel der Fluggesellschaft KAL, in Plastik eingeschweißt; er ist auf dem sandigen Meeresboden gut zu erkennen. Geld, Flugzeugtrümmer, Kleidungsstücke. Schreckliche Bilder – ein Kinderschuh, eine Decke mit Walt-Disney-Motiven...

Während unseres ganzen Gesprächs bedauerten unsere Gesprächspartner sehr, daß die Kapitäne, die sich an der Tauchaktion beteiligt hatten, an dem Tag nicht in Sewastopol waren. Besonders Kapitän Girs. «Er war auch auf der ‹Mirtschink› bei den Murmansker Tauchern und bei den Militärs. Er muß überhaupt eine Menge wissen, weil er sich für alles sehr interessiert hat. Sie sollten sich unbedingt mit ihm treffen.»

Da fiel uns der Anruf in der Redaktion ein. Die Frau des Kapitäns hatte uns in seinem Namen ihre Unzufriedenheit ausgedrückt.

Würde der Kapitän mit uns sprechen wollen?

FÜNF

Das Tagebuch von Kapitän Girs

Die Befürchtungen, die uns auf der Heimfahrt von Sewastopol quälten, erwiesen sich als unbegründet. Kapitän Girs kam selbst in die Redaktion und führte uns auf eine neue Spur.

Die Vorfahren des Kapitäns stammten aus Schweden und waren schon unter Peter I. Seeleute gewesen. Von ihnen hat Michail Girs nicht nur das Äußere eines Kapitäns geerbt, sondern auch die Pedanterie. Bei seinem Einsatz nach dem Absturz der Boeing machte er wie immer täglich Aufzeichnungen, er hielt Angaben über die Tauchtiefe und das Wetter fest. Diese Aufzeichnungen konnte er aufbewahren:

«Zuerst hatte ich Angst, Tagebuch zu führen. Ich schrieb sehr zurückhaltend, nur Bruchstücke. Warum? Ich hatte Angst, daß das für mich ein schlechtes Ende nehmen könnte. [Nicht ohne Grund, das Tagebuch Sachartschenkos war ja tatsächlich beschlagnahmt worden.] Es wimmelte von KGB-Leuten, auf unserem zivilen Schiff tauchten Marineoffiziere auf. Auch heute ist die Angst, die ich nach den ‹Sonderarbeiten› empfand, durchaus noch nicht gewichen.»

Außer seinem Tagebuch holte der Kapitän noch ein zerfleddertes, mit Meerwasser und Maschinenöl getränktes Heft hervor. Es enthielt Aufzeichnungen über alle Operationen der Tauchkapsel «Tinro-2», dessen Kapitän Girs seit vielen Jahren ist.

«Als wir im Hafen von Wladiwostok lagen, empfingen wir ein Regierungstelegramm. Es enthielt den Befehl, uns sofort dem Kommando der Kriegsmarine zu unterstellen. Auch als zivile Seeleute halten wir uns streng an Befehle.

Ein vollständiges Bild von dem, was vorgefallen war, habe ich natürlich nicht und kann ich auch nicht haben. Die Militärs haben mit uns keinerlei gemeinsame Beratungen zur Koordinierung durchgeführt. Das war kränkend, denn es waren hervorragende Kräfte zusammengeholt worden, aber man ließ uns nicht denken. Darum vergeudeten wir oft sinnlos Zeit und Kraft. Von den Militärs bekamen wir keine Instruktionen, sondern Weisungen, das ist ein prinzipieller Unterschied. In einer Instruktion wird erklärt, was zu tun ist und warum. Eine Weisung sagt nur: ausführen und Meldung machen. Das ist faktisch ein Befehl.

Bei den Sucharbeiten waren wir voneinander isoliert, die militärische Führung sprach mit uns nur einzeln, es gab keine gemeinsamen Aufgabenstellungen. Darum weiß ich nicht, was die anderen gemacht haben. Vielleicht haben die Taucher von der ‹Mirtschink› Ihnen deshalb nichts von den Tauchgeräten erzählt. Übrigens hatten die es am schwersten. Auch unsere Arbeit war sehr schwer, aber das ist kein Vergleich mit dem, was sie geleistet haben. Es war der erste Unterwasseraufenthalt in solcher Tiefe von dieser Dauer in der Sowjetunion.

Es waren wirklich hervorragende Kräfte zusammengeholt worden!

Zwei Tauchkapseln hatten die Militärs auf der ‹Kosmin›, sie waren vor uns dort. Als wir ankamen, wurde uns gesagt, sie seien schon unten gewesen. Die Strömung sei stark, was die Arbeiten erschwerte. Doch die Sicht unter Wasser sei sehr gut.

Die Geräte der Militärs machten die gleiche Arbeit wie

wir. Aber ihre Fotos wurden nichts, sie waren von äußerst schlechter Qualität. Für uns ist das Fotografieren unter Wasser die Hauptarbeit. Wir haben dafür Spezialobjektive, geeignete Fotoapparate, und die Jungs sind sehr erfahren, Popow und Bondarew. Man muß nämlich nicht nur fotografieren können, sondern auch in der Lage sein, zu finden, was fotografiert werden soll. Die Militärs dagegen haben ganz andere Aufgaben und vor allem Mittel.

Dort arbeiteten also zwei Geräte von der ‹Kosmin›, wir und der ‹Okeanolog› (der war allerdings nur zweimal unten), insgesamt vier bemannte Geräte. Außerdem zwei unbemannte, deren Trägerschiffe ‹Pegas› und ‹Bris› mit Fernsehkamera, akustischen Kameras und Fotoapparaten ausgerüstet sind.

Mit zwei unbemannten und vier bemannten Tauchkapseln und erfahrenen Tauchern hätte man die Fläche, wo die Flugzeugtrümmer lagen, in zehn Tagen finden können. Aber wir stießen erst nach einem Monat darauf! Was hätte

Kapitän Michail Girs an Bord der «Hydronaut» vor der Insel Moneron, September/Oktober 1983

zuerst getan werden müssen? Mit Hilfe der unbemannten Geräte, die eine sehr große Fläche erfassen können, hätten die in Frage kommenden Stellen ausfindig gemacht werden müssen, um dann uns und die Taucher dorthin zu schicken. So geht die Suche auf der ganzen Welt vor sich, und das geht ziemlich schnell. Und natürlich dürfen auf keinen Fall Schleppnetze auch nur in die Nähe kommen! Die Idee, Fischer und Minenräumer mit Schleppnetzen einzusetzen, stammte von den Militärs. Dadurch wurde alles über eine große Fläche verteilt, wir haben die Spuren dieser Arbeit gesehen.»

«Kann es sein, daß die Trümmer mit Absicht in die Tiefe geschleppt wurden?»

«Ausgeschlossen. Wir trafen zum Beispiel auf eine zwei Meter hohe Schicht von Trümmern und Sachen, lauter kleine Teile. Wir haben Schleppnetzspuren gesehen, die hörten kurz vor dem Haufen auf, dann war das Netz wohl drüberweg geglitten, ohne den Haufen zu berühren, und hatte einen anderen Haufen über den Meeresboden geschleift. Es war also schlicht unmöglich, alles wegzuschleppen. Aber sie haben es gehörig verteilt. Die Streuungsellipse mißt etwa 150 mal 200 Meter.

Die Strömung ist dort relativ konstant; nachdem wir ein dutzendmal unten waren, haben Boris Bass, der Kapitän unserer ‹Hydronaut›, und ich eine ‹Strömungsrose› gezeichnet und die Lage der Funde und ihre Menge analysiert. Daraus leiteten wir ab, wo die Hauptmasse der Flugzeugtrümmer liegen mußte. Wir teilten das den Militärs mit – ihr habt uns lange genug suchen lassen, wo nichts ist; schickt uns an diese Stelle! Wir bekamen nicht einmal eine Antwort. Aber später stand die ‹Mirtschink› mit den Murmansker Tauchern an Bord genau dort. Unsere Berechnungen hatten also gestimmt.

Kapitän Bass und ich waren vor dem Auslaufen schon in Wladiwostok bei Admiral Apollonow gewesen. Auch später waren wir bei ihm, in der Befehlsstelle. Ich will nichts behaupten, aber ich glaube, den ganzen Wirrwarr hat er angerichtet. Michail Agejew, der die Arbeit der unbemannten Tauchkapseln leitete, und ich schlugen ihm eine Optimierung der Suche vor. Dafür hätten wir unsere Kräfte zusammentun müssen. Die Militärs verlangten von uns die hundertprozentige Erfassung des gesamten Gebiets. Aber wenn wir tauchen, richten wir uns doch nur nach dem Hydrokompaß. Wir können also nicht einmal unsere Position genau bestimmen, hinzu kommt noch die Strömung. Darum schlugen wir vor, Geräte von Agejew in unserer Tauchkapsel zu installieren, ich hatte sogar schon dafür Platz gemacht. Mir kam gar nicht in den Sinn, daß er das ablehnen könnte, denn es hätte uns sehr geholfen, den Auftrag der Militärs zu erfüllen. Nein, auch das wurde verboten...

Erst um den 22. Oktober stieß die ‹Mirtschink› auf die Hauptmasse Trümmer. Genau an der Stelle, die Kapitän Bass und ich zwei Wochen zuvor ermittelt hatten.

In meinem Tagebuch steht: ‹Tauchen am 10. Oktober. Flugzeugtrümmer, Teile der Außenhaut, Kabel, Kleidungsstücke. Aber keine Menschen. Sieht so aus, als wäre das nicht vom Himmel gefallen, sondern von Schleppnetzen hergebracht worden. Die Hälfte der Zeit, die wir unten waren, mußten wir uns vor den Räumern in Sicherheit bringen, die mit ihren Schleppnetzen an derselben Stelle arbeiteten und uns hätten fangen können.›

Sehen Sie, es herrschte so ein Durcheinander, daß die Militärs uns und die Schleppnetze gleichzeitig an dieselbe Stelle schickten. Ich weiß noch, der Kapitän hat mir von oben durchgegeben, wo ich auf maximale Tiefe gehen sollte, damit ich nicht ins Netz geriet. Auf unsere Bitte, den Kurs

Kapitän Boris Bass auf der «Hydronaut». Es ist zu erkennen, wie dicht der amerikanische Kreuzer «Badger» herangekommen ist, der die Arbeiten der ‹Tinro-2› behinderte.

zu ändern, reagierten die Räumer nicht. ‹Wir haben Befehl›, antworteten sie.

Ja, die eigenen Leute und Fremde behinderten die Arbeit; mal mußten wir uns vor einem Schleppnetz in Sicherheit bringen, mal versperrte ein ausländisches Schiff uns den Weg. Wir haben uns beschwert. Wir bekamen Geleitschutz – ein völlig harmloses Schiffchen. Jeden Morgen wiesen die Militärs uns zu, wo wir suchen sollten. Wenn wir dort ankamen, wartete der Japaner schon auf uns. Unbegreiflich, wie sie vor uns die Stelle wissen konnten. Die Nachrichtenverbindung war streng geheim, alles wurde verschlüsselt, und trotzdem... Wir wurden ständig von zwei Schiffen ‹behütet›, einem Amerikaner und einem Japaner.

Wir waren als Fischer ins Suchgebiet gekommen [der Mast der «Hydronaut» hat gelbe Streifen, das Erkennungszeichen der Fischereiflotte]. Anfangs beachtete uns auch niemand – was soll's, so ein kleiner Pott, nur tausend Tonnen Wasserverdrängung. Aber als sie sahen, daß wir ein Tauchgerät hatten, ging's los: Hubschrauber hingen über uns, die ‹Badger› kam ganz dicht an uns heran, und wenn wir tauchten, ließen sie immer eine Boje ins Wasser. Jedes Tauchen war ein Ereignis. Darum brauchten wir Geleitschutz, weil die Amerikaner uns behinderten. Das waren ja neutrale Gewässer, wenn auch unser Nutzungsgebiet. Niemand durfte die Ausländer von dort vertreiben, aber sie hatten auch nicht das Recht, dort zu tauchen. Darum durften sie ihre Taucher und Tauchgeräte, die viel besser ausgerüstet sind als unsere, nicht einsetzen. Sie konnten nur unserer Arbeit zusehen und uns abhören.

Als ich einmal gerade unter Wasser war, stürzte ein amerikanischer Hubschrauber ab. Der Kapitän fragte von oben: ‹Mischa, paß da unten gut auf. Guck mal, ob nicht ein Hubschrauber vorbeigeflogen kommt.› Ich sag: ‹Bist du verrückt geworden?› – ‹Nein›, sagt er, ‹eben ist hier gerade ein Amerikaner runtergekracht.›

Die Atmosphäre war also für einen Zivilisten ziemlich kriegerisch. Die Schiffskanonen waren gefechtsbereit, beide Seiten belauerten sich gegenseitig. Als wir einmal auftauchten, sah ich, daß unsere ‹Hydronaut› und die amerikanische ‹Badger› in voller Fahrt auf uns zu kamen. Mir blieb nichts weiter übrig, als abzuwarten, wer es als erster schaffen würde, unsere oder die Amerikaner.

Ich hatte häufig den Eindruck, daß es jeden Moment, wenn nicht Krieg, so doch einen weltweiten Skandal geben würde.

Das Wetter war schlecht, Sturm bis Stärke sieben. Manchmal konnten wir eine Woche lang nicht tauchen, das geht nur bei ruhiger See, bis maximal Windstärke drei. Das war nur an siebzehn Tagen so, und alle siebzehn Tage waren wir unten. Bei Sturm lagen wir hinter der Insel Moneron, wo sich dann alle Schiffe einfanden. Dort begann dann ein lebhafter Tauschhandel: der eine brauchte Kaffee, der andere Zigaretten. Bei der Gelegenheit wurden auch Informationen ausgetauscht, die wir natürlich nicht von den Militärs bekamen.

An einem solchen ‹Markttag› trafen wir uns mit den Marinetauchern. In meinem Tagebuch hab ich das aufgeschrieben: ‹Haben uns mit den Rettungstauchern unterhalten. Sie haben vieles herausgefunden, aber unsere Arbeit ist wohl noch nicht zu Ende. Sie haben den Rumpf gefunden, das Heckteil, und viele menschliche Überreste. Der Rumpf stand senkrecht zwischen Felsen. Sie haben ihn hingelegt und sind reingekrochen.› Ehrlich gesagt, ich hab den Tauchern nicht sehr geglaubt. Nach ihren Worten hatten sie das Flugzeugheck gefunden, senkrecht stehend. Aber das ist ein ziemlich großes Teil. Sie wollten es in den Felsen gefunden haben. Ich war auch zwischen den Felsen gewesen, hatte aber dort nur ebenso kleine Bruchstücke gefunden wie woanders. Ein Stück vom Fahrwerk, Räder, Triebwerke, Teile vom Rumpf, aber das alles war nie länger als einen Meter. Ich weiß nicht, wie oft die Marinetaucher unten waren und wo, ich bezweifle, daß sie in großer Tiefe arbeiten konnten. Aber ich wiederhole, das sind Vermutungen von mir.

‹Sucht die schwarzen Kästen!› wurde uns aufgetragen. Wie sie aussehen, wo wir sie suchen sollten, das sagte uns zu Anfang niemand. Erst nach geraumer Zeit, am 4. Oktober, wurden wir in die Befehlsstelle gerufen, wo uns ein Querschnitt der Boeing und die Lage der beiden Kästen gezeigt wurde. Die Hektik um die schwarzen Kästen nahm mitunter lächerliche Züge an. Einmal entdeckten Slawa und ich unten einen roten Zylinder, der an einigen Stellen wie von einer Brechstange durchlöchert war. Wir fotografierten ihn, aber dann wurde uns klar, das war eine Notruffunkanlage von einem Boot! Wir gaben die Fotos den Militärs und gingen schlafen. Nach ein paar Stunden wurde ich per Funk gerufen, und jemand wollte mir einreden, das sei der schwarze Kasten! Ich erklärte, das könne nicht sein, sie sollten auf unser Schiff kommen und sich selbst überzeugen, wir hätten auch so eine Notruffunkanlage. Nein, hieß es, Sie müssen sofort tauchen, sich unverzüglich an diese Stelle begeben und den Kasten finden. Aber inzwischen war Wind aufgekommen, das Wetter hatte sich verschlechtert. Wir konnten nicht mehr tauchen. Das war Mitte September. Ich denke, wenn der schwarze Kasten schon gefunden worden wäre, hätten sie mit uns nicht solchen Zirkus gemacht und verlangt, wir sollten noch mal ‹an dieselbe Stelle›, was mit unserem Navigationssystem ohnehin nicht zu machen ist.

Wir arbeiteten bis zur maximalen Tauchtiefe von 250 bis 270 Metern. Eines Tages verließen die ‹Bris› und die ‹Pegas› [Schiffe mit unbemannten Tauchgeräten] ihre Position und verschwanden hinter dem Kontinentalabhang, wo sie in tausend Meter Tiefe arbeiteten. Sie waren sehr lange dort – was haben sie gefunden?

In der *Iswestija* war die Rede davon, die Kästen seien mit Notsendern ausgerüstet gewesen. Aber die senden nicht ewig. Ich glaube, irgendwann nach der Hälfte der Zeit, die wir dort waren, hieß es, es sei aus, nun könnten sie nicht mehr piepsen. Sie waren entweder geborgen worden oder existierten nicht mehr. Es kursierte das Gerücht, die Amerikaner hätten die Kästen gefunden, weil sie an einer anderen Stelle in großer Tiefe arbeiteten. Dann war plötzlich Ruhe – entweder unsere hatten die Kästen gefunden oder sie hatten aufgegeben, ich weiß es nicht. Wir haben sie jedenfalls nicht gefunden.

Das erste Mal tauchten wir an einer Stelle, die uns die Militärs zugewiesen hatten, 215 Meter tief. Wir entdeckten sofort jede Menge Etiketts von Kleidungsstücken, Papiergeld, ein Buch. Kleiner Papierkram wurde von der Strömung über den Meeresboden gefegt wie vom Wind über Asphalt. Beim erstenmal wußten wir übrigens noch nicht, wonach wir eigentlich suchen sollten.

Innerlich waren wir alle darauf gefaßt, menschliche Überreste zu finden. Das erste, was wir entdeckten, war ein Skalp mit wehendem schwarzen Haar. Ich glaube nicht, daß es derselbe war, von dem die Taucher der ‹Mirtschink› erzählt haben, denn wir tauchten an einer ganz anderen Stelle. Insgesamt machten wir aber höchstens ein Dutzend solcher Funde. Wir hatten natürlich einen Friedhof erwartet. Aber nichts dergleichen.

Es hieß – verbürgen kann ich mich dafür allerdings nicht –, an Land sei eine Sonderkommission gebildet worden, die

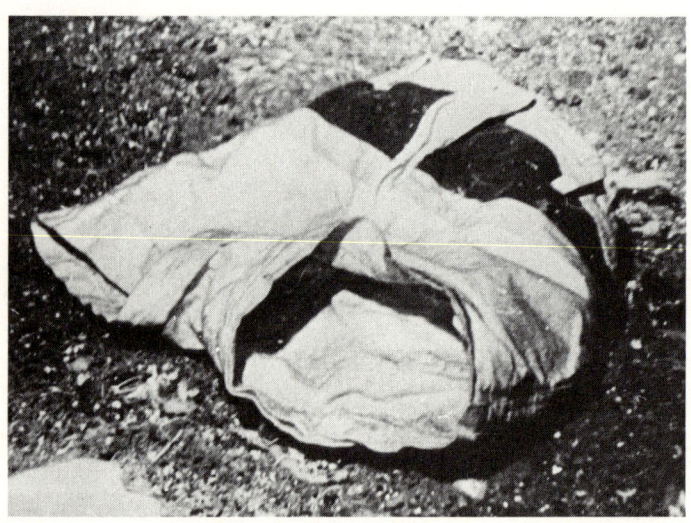

Aufnahmen vom Meeresboden: Kindershorts

158

versuche, alle Funde zu identifizieren, um festzustellen, wie viele Menschen an Bord waren. Diese Experten sollten in Newelsk sitzen.

Was wir nicht begriffen, die Kleidungsstücke waren alle geschlossen. Zum Beispiel Mäntel, Hosen, Shorts, Pullover – die Sachen waren zerrissen, aber die Reißverschlüsse alle geschlossen. Und die Kleidung war leer.

Wir kennen die Fähigkeiten der Meeresbewohner dieser Tiefen sehr gut. Unsere Beobachter sind erfahrene Experten. Es gibt sogar einen biologischen Begriff dafür: ‹Aufzehrung›. Wir benutzen ihn bei der Bestimmung der möglichen Fangreserven: Im Meer fressen sich alle gegenseitig. Krabben waren dort übrigens sehr viele, sogar ungewöhnlich viele. Ihre Witterung reicht sehr weit. Und lauter Raubfische.

Teil eines Arms

159

Wir haben natürlich darüber geredet, und wir sind zu dem Schluß gekommen, daß die Passagiere wahrscheinlich durch den Druck aus der Kabine geschleudert wurden und nicht an derselben Stelle abgestürzt sind wie die Flugzeugtrümmer; sie wurden über eine weit größere Fläche verstreut. Die Strömung hat ein übriges getan.

Einer der schlimmsten Eindrücke waren die Brillen. In den verschiedensten Fassungen. Es ist ja bekannt, daß viele Koreaner kurzsichtig sind. Und Spielzeug, Plüschtiere, Frauenschuhe, Kinderkleidung, Shorts. Viele Bücher, Taschenbücher, was man so auf Reisen mitnimmt.

Beim dreizehntenmal – da war meine Ablösung unten – ging alles schief, wie es sich gehört. Sie entdeckten einen langen Gegenstand, einen abgewickelten Stoffballen, wie sich herausstellte. Der Kapitän fuhr drüber, und der Stoff wickelte sich um die Schiffsschraube. Sie mußten auftauchen. Es war ein grüner, geblümter Vorhangstoff amerikanischer Fabrikation. Er war kerosingetränkt und löste sich unter den Händen auf. Übrigens, Spuren einer Explosion haben wir nicht gesehen.

Hier, aus meinen Aufzeichnungen: ‹26. 10. Auf der Kiel wurde uns gesagt, daß die Mirtschink vor drei Tagen alles gefunden hat.› Das heißt, am 22. Oktober war die ‹Mirtschink› auf den Hauptfundort gestoßen.

Danach tauchten wir noch dreimal, am 1., 2. und am 6. November.

Am 5. November verabschiedete sich die ‹Mirtschink› in der Nacht von allen und fuhr weg. Am 7. November folgten wir. In den zwei Monaten, die wir dort waren, hatten wir eine Fläche von rund anderthalb Quadratkilometern abgesucht.»

Kapitän Girs schlug sein Tagebuch und das Heft mit den Aufzeichnungen über die Arbeitsabläufe des Tauchgerätes «Tinro-2» zu. «Wir wurden sehr oft ermahnt, niemandem gegenüber ein Wort zu sagen», erklärte er. «Allerdings hat uns niemand vorgeschrieben, für wie lange das gilt. Auszeichnungen, Prämien? Von wegen! Als wir von unserer Fahrt, die insgesamt wie immer viereinhalb Monate gedauert hatte, nach Sewastopol zurückkamen, stellte sich heraus, daß die Mannschaft weniger Geld bekommen sollte. Ohne die Hartnäckigkeit unseres Kapitäns hätten die Jungs ihr Geld nicht gekriegt. Bass und ich allerdings bekamen später Urkunden mit der Unterschrift des Oberkommandierenden, Gorschkow, ein Dankschreiben für die Erfüllung eines Auftrags des Flottenkommandeurs...»

SECHS

Wie das Geheimnis des Japanischen Meeres entstand

Kapitän Girs besitzt noch weiteres unschätzbares Material. Es sieht aus wie eine unscheinbare Schulzeichenmappe. Swetlana Petrowna, die Frau des Kapitäns, erzählte uns, ihr Mann besitze sehr viele solcher Mappen. Nach jeder Fahrt legt er eine Mappe mit Aufzeichnungen, Fotos, Skizzen und Notizen an. Wie gut, daß er auch nach der Rückkehr von der ungewöhnlichen Fahrt 1983 seiner Gewohnheit treu geblieben ist. Die Mappe, die er damals anlegte, enthält Fotos aller an der «Seeschlacht» vor der Insel Moneron beteiligten sowjetischen und ausländischen Schiffe und die vollständige Liste ihrer Namen. Der Kapitän nennt siebzig Kriegs- und Fischfangschiffe, Grenz- und Wachboote aus der UdSSR, den USA, Japan und Südkorea.

Auf unsere Bitte las Swetlana Petrowna noch einmal das Bündel Briefe, die sie im Herbst 1983 von ihrem Mann bekommen hatte, und teilte uns ihren Eindruck mit. Kapitän Girs liegt jede Sentimentalität fern, er ist sehr zurückhaltend mit Gefühlsäußerungen. Aber in diesen Briefen schrieb er über seine Gefühle. Als wollte er eine Bilanz ihres gemeinsamen Lebens ziehen; es waren Briefe wie vor einer langen Trennung. Er bat sie, vorsichtig zu sein, auf sich aufzupassen und Leningrad nicht zu verlassen... Bis zur Rückkehr des Kapitäns waren ihr der Ton der Briefe, ihre Traurigkeit, völlig unverständlich. Dann erst erfuhr sie, daß ihr Mann ihr faktisch Briefe aus dem Krieg geschrieben hatte.

Was war das – ein Irrtum, ein Übungsalarm oder ein Mißverständnis? Kapitän Girs weiß es bis heute nicht. Tatsache ist, daß es eines Tages auf dem Schiff hieß, es herrsche Krieg. Keiner der Militärs ließ sich zu Erklärungen gegenüber den Zivilisten herab, und Zeitungen bekamen sie auf See nicht. Darum schrieb Kapitän Girs an seine Frau für alle Fälle Abschiedsbriefe. Daran erinnert er sich noch heute nur widerwillig. Und wenn die Lage schon auf einem winzigen zivilen Schiff so angespannt war, wie mochte es dann erst auf den Kriegsschiffen ausgesehen haben? Offenbar hätte der Konflikt um die Boeing sich durch irgend jemandes Unvorsicht oder böse Absicht zu einem ernsthaften Zusammenstoß auswachsen können. Anlässe dafür gab es mehr als einmal.

Die folgende Erzählung stammt von einem Mann, der heute noch auf dem großen U-Abwehrschiff «Petropawlowsk» Dienst tut, auf dem der Stab untergebracht war, der die Suche nach der Boeing leitete. B. Kurkow, ein Marineoffizier, der diesem Stab angehörte:

«Als die Suche nach dem ‹schwarzen Kasten› begann, benahmen sich die Amerikaner äußerst herausfordernd. Sie behinderten die Räumer, indem sie dicht vor deren Nase ihren Kurs kreuzten; sie drangen in unsere Gewässer vor, setzten akustische Geräte ein, die das Leben der Taucher von der ‹Mirtschink› gefährdeten usw. Eine Zeitlang lag das japanische Suchschiff ‹Keiko-Maru Nr. 3› (oder ‹Kaiko-Maru Nr. 3›) neben der ‹Mirtschink› vor Anker. Es ist mit einem automatischen Suchgerät ausgestattet, das über Kabel ferngesteuert wird. Sein Aktionsradius beträgt, wenn ich nicht irre, 2 bis 2,5 Kilometer. Es bestand die reale Gefahr, daß es die Trümmer entdeckte, über denen die ‹Mirtschink› stand. Der Chef der Pazifikflotte, Sidorow, gab sofort Befehl, einen vor Sachalin liegenden Minenräumer mit Geräten zum Kappen von Ankertauen oder Trossen auszurüsten und zur ‹Keiko-Maru› zu schicken. Sobald das Suchgerät zu Wasser gelassen würde, sollte sein Steuerkabel durchtrennt werden. Selbst vor solchen Gangstermethoden wurde nicht haltgemacht!

Nur der falsche Notsender rettete die ‹Keiko-Maru›. Sie wurde in das falsche Suchgebiet gelockt.

Warum diese ‹Seeschlacht›? Weil die Amerikaner damals Feinde waren; ihre Schiffe verletzten mehrfach die Gewässergrenze im Raum Wladiwostok und Sowjetskaja Gawan (es wurden sogar Warnschüsse mit Raketen-Wasserbomben vor ihrem Bug abgegeben), ihre Aufklärungsflugzeuge drangen systematisch in den Luftraum ein; im Raum des Japanischen Meeres wurden (und werden) großangelegte Manöver durchgeführt, bei denen die Schiffe und Flugzeuge der Seestreitkräfte der USA, Japans und Südkoreas den Angriff auf unsere Pazifikflotte üben. Wir hatten also damals nicht das geringste Vertrauen zu ihnen, an eine Zusammenarbeit bei der Suche nach den ‹schwarzen Kästen› war gar nicht zu denken.»

Heute, acht Jahre danach, können wir nur dem Schicksal dafür danken, daß der Seekonflikt nicht die Grenze zum Krieg überschritten hat. Und wenn im Eifer des Gefechts um die schwarzen Kästen die umgekommenen Menschen vergessen wurden, so dürfen wie dies heute keinesfalls tun. Wo sind ihre sterblichen Überreste geblieben? Ist diese Frage schon vollständig beantwortet? Tragen wir noch einmal alles zusammen.

Einer der Versionen zufolge, die wir gehört haben, war alles nach Newelsk gebracht worden, wo eine Kommission aus den Funden Rückschlüsse auf die Anzahl der Passagiere ziehen wollte. Dort sollte folglich auch das Wenige begraben sein, was geborgen wurde. Wir erörterten diese Version mit dem Ersten Sekretär des Stadtparteikomitees von Jushno-Sachalinsk, Wladimir Zizera. Nicht von ungefähr wandten wir uns an ihn – die Partei ist in diesem zerfallenden Imperium von jeher am besten informiert gewesen ist.

«Damals wurde auch vor uns, der örtlichen Macht, sehr viel, wenn nicht alles, geheimgehalten. Obwohl man uns natürlich sofort informiert hatte, daß über Sachalin ein Flugzeug abgeschossen worden war. Der Rest war Schweigen. Allerdings ist es schwierig, auf Sachalin etwas geheimzuhalten. Als vor Moneron die Suche nach der Boeing begann, wurden viele Kräfte aus Jushno-Sachalinsk nach Newelsk abkommandiert. Dort hatte sich ja eine ganze Fischereiflotte zum ‹Fischfang› eingefunden. Ich hatte auch Bekannte dort, bei den Fischern und bei den Tauchern. Damals wurde der ganze Meeresboden abgeharkt, es wurde alles gesucht, was mit der Boeing zu tun haben konnte. Und unsere Kutter sollten die Aufmerksamkeit ablenken, sie waren Tarnung.

Aber wie die Taucher mir später erzählten, wurde nicht viel gefunden, nur irgendwelche Bruchstücke, Teile der Außenhaut des Flugzeugs, mehr nicht. Die Militärs hatten es allerdings vor allem auf die ‹schwarzen Kästen› abgesehen, wo die Gespräche der Besatzung aufgezeichnet waren. Und das Erstaunliche – sie wurden gefunden, nicht gleich, aber immerhin. Kurz darauf wurden alle Arbeiten eingestellt, es wurde nicht weitergesucht.»

«Wladimir Sergejewitsch, wurden denn keine Toten gefunden, nicht einmal Körperteile?»

«Nein, ich versichere Ihnen, es wurde nichts dergleichen gefunden. Wir haben uns selbst gewundert, so ein großes Flugzeug, mit so vielen Passagieren, und – nichts. Aber Sie wissen ja, an der Stelle ist die Strömung sehr stark, auch die Trümmer waren ja über eine große Fläche verstreut. Und die Toten... Vom Wasser fortgetragen, von Fischen und Weichtieren gefressen... Kurz, es wurde nichts gefunden.»

«Es heißt, es seien Körperteile geborgen und streng geheim nach Newelsk gebracht worden, wo...»

«Ich versichere Ihnen, das stimmt nicht. So was läßt sich schließlich nicht geheimhalten. Wenn etwas nach Newelsk gebracht wurde, dann gibt es dafür immer Zeugen. Was wurde mit den Funden gemacht? Vernichtet, verbrannt, begraben? Aber kein Mensch hat so etwas erzählt, weder mir noch anderen. Nein, es ist ganz sicher, es gab keine Leichen. Überhaupt ist die ganze Geschichte ziemlich dunkel, es gibt zuviel Unverständliches auf beiden Seiten. Deshalb hatte ich auch das Gefühl, man sollte das lieber nicht noch einmal aufrühren – wer weiß, was sonst noch alles hochkommt...»

Wir wollen die Angst des Parteifunktionärs davor, daß die Menschen endlich die Wahrheit erfahren könnten, nicht kommentieren. Es genügt, daß wir sie nicht teilen.

Übrigens fanden sich in der Folgezeit noch mehr Zeugen. Einer von ihnen ist Iwan Birsok, Kapitän des Trawlers «Uwarowsk». Das Schiff war gegen 10 Uhr am Morgen des 1. September am Ort der Tragödie.

«Es fanden sich verschiedene Gegenstände», erzählte der Kapitän. «Flugzeugsessel, Haufen zusammenklebender Plastiktabletts, Jeanshosen, geschnürte Schuhe, Sportschuhe, Papiere... Da waren auch sehr kostbare Pelzmäntel und Ledermäntel...»

Möglich, daß gerade Iwan Birsok und die Mannschaft der

166

«Uwarowsk» die ersten an der Absturzstelle des Flugzeugs waren. Allerdings hat man ihnen recht bald befohlen, die Stelle zu verlassen, den eigenen Kurs wieder aufzunehmen und das Gesehene nach Möglichkeit schnellstens zu vergessen.

Ein anderer Zeuge, Kapitänleutnant Waleri Anissimow, erreichte mit seinem Grenzpatrouillenboot kurz nach Mittag den Ort der Katastrophe. Vor Beginn seines Militärdienstes hatte Anissimow zwei Jahre am Medizinischen Institut studiert. Vielleicht hat er deswegen etwas bemerkt, was den anderen entging. Wir verzichten auf Einzelheiten seines Berichts, weil sie zu schrecklich sind.

«Es schwammen eine Menge Kindersachen und Spielzeug herum. Dann... (hier verstummte der ehemalige Grenzsoldat für eine lange Zeit, faßte Mut und fuhr fort) war da ein Gemisch aus Fleischstückchen... Haut war nicht mehr dran... Und viele Verschalungen aus Duraluminium, in deren Netz, in fast jeder Masche, sich Sehnen aufgewickelt hatten...»

Genug! Gab es den Befehl, dies alles zu bergen? Unsere Zeugen behaupten: «Nein!» Und wieviel davon gab es? Jemand anderes – er will anonym bleiben – behauptet: ungefähr 200 Kilogramm. Es gibt keine Möglichkeit, diese Behauptung zu überprüfen. Durchaus wahrscheinlich ist, daß dies die Übertreibung eines Mannes ist, den das Gesehene zutiefst betroffen gemacht hat. Gleichwohl mußte es Spuren von den Menschen geben. Aber wie viele es auch immer gewesen sein mögen – in irgend jemandes Interesse hat es gelegen, daß sie so schnell wie möglich verschwanden. Und die Natur wurde zum besten Bundesgenossen derer, die das Geheimnis des Japanischen Meeres erfunden haben.

Als wir unsere Recherchen gerade begonnen hatten, quälte uns das Ungewisse an dieser Frage, wir gerieten unter

den Einfluß der Zweifel, die bis heute die Taucher bewegen –
«vielleicht waren Leute drin, vielleicht auch nicht». Aber
mit der Zeit sammelten wir in unserem Dossier immer mehr
Zeugnisse verschiedenster Flugzeugabstürze über dem
Meer von den Nachkriegsjahren bis heute. Einige kennt der
Leser schon, wir wollen aber das Bild noch abrunden.

«Mit großem Interesse und voller Erregung lese ich Ihre
Serie ‹Das Geheimnis der Boeing 747›. Ich war viele Jahre
Transportflieger, die meiste Zeit im Fernen Osten. Ich erinnere mich sehr gut an die Spannungen der fünfziger Jahre
auf Tschukotka und den Kurilen. Bis zu 26 Grenzverletzungen im Monat!

Auch bei uns gab es Abstürze über dem Meer. Natürlich
wurden da hinterher keine Taucherexpeditionen unternommen. Aber alle Fälle hatten etwas gemeinsam. Ich will nur
ein Unglück erwähnen, das sich in der Krestbucht [Tschu-
kotka] ereignete. Ein Jäger war bei einem Absturz drei bis
zehn Kilometer vor der Küste auf die Wasseroberfläche ge-
prallt. Mit der Zeit spülte das Meer alles an Land. Teile der
zerschellten Maschine, persönliche Gegenstände des Piloten. Aber keinen Leichnam. Nur die leere Fliegerkombi
wurde an Land gespült, zerrissen, aber mit geschlossenem
Reißverschluß; ein zugeschnürter Schuh, das Koppel mit
Portepee und Pistolentasche. Die Pistolentasche war offen,
eine Pistole war nicht darin, aber Koppel und Portepee waren ganz normal geschlossen. Es hieß, das sei das Werk der
Unterwasserbewohner gewesen. Das sagten die Eskimos
und die Tschuktschen.

Das ist alles. Hochachtungsvoll, W. A. Melnikow, Poltawa»

«Als ehemaliger Militärpilot möchte ich Ihnen bei der Klärung der Frage behilflich sein, wo bei einem Flugzeugabsturz die Leichen bleiben. Ganz einfach: sie lösen sich auf! Ja, vom heftigen Aufprall auf den Boden oder erst recht auf die Wasseroberfläche. Einige Beispiele.

1. Juni 1943, Primorje. Beim Start vom Feldflugplatz Kartun gerieten der Pilot Beresin und die dreiköpfige Besatzung einer SB in einer Höhe von 800 Metern plötzlich in eine Wolkenschicht. Der Pilot verlor die räumliche Orientierung und flog mit einem Neigungswinkel von 60 bis 70 Grad nach unten, riß das Flugzeug kurz über dem Boden aus dem Sturzflug, aber er war schon zu tief. Das Flugzeug machte eine Bauchlandung und zerbarst in kleine Stücke; von den vier Menschen fanden wir nur zwei kleine Knochen.

2. August 1944, Saporoshje. Bei einem Übungsflug geriet der Pilot Wassili Kasanzew mit einer Maschine vom Typ PE 2 ins Trudeln; über dem Boden konnte er sie abfangen, war aber ebenfalls schon zu tief, und das Flugzeug machte eine Bauchlandung. Als diensthabender Leiter des Flugdienstes war ich als erster am Unfallort und habe die Fliegerkombi des Piloten gesehen. Sie lag mit angeknöpften Fallschirmseilen ausgebreitet auf dem Boden. Doch vom Körper des Piloten im Umkreis von 200 Metern keine Spur.

Ich könnte noch viele ähnliche Beispiele anführen. Bei einem Schiffsunglück bleiben immer viele Leichen im Schiff und in seiner Nähe. Etwas ganz anderes ist es, wenn ein Flugzeug aus großer Höhe und mit großer Geschwindigkeit auf die Erde stürzt, erst recht, wenn es auf Wasser aufprallt: es zerschellt in winzige Stücke, und von den Menschen bleiben nicht einmal Knochen.

W. Larkin, Tscherkassy»

«Sehr geehrter Andrej Illesch!

Ihre Veröffentlichungen über das Geheimnis der südkoreanischen Boeing 747 bewegen und interessieren mich wie viele andere Leser auch. Ich bin Flugzeugingenieur und habe rund dreißig Jahre bei den Luftstreitkräften gedient. Die Hauptfrage, die Sie stellen, ist die nach dem Verbleib der Passagiere und der Besatzung. Ich werde versuchen, Ihnen meine Erklärung für dieses ‹Phänomen› zu geben.

Im Sommer 1973 stürzte in der Nähe des Kurortes Kobuleti, vierzig Kilometer entfernt von Batumi, eine MiG 21 ab, die der Staffelkommandeur steuerte. Gebannt beobachteten die Urlauber am Ufer, wie das Flugzeug in vier bis fünf Kilometern Höhe und rund zwei bis drei Kilometer von der Küste entfernt Kunstflugfiguren ausführte. Nach einer Figurenkaskade ging die Maschine in Sturzflug, bis sie in etwa tausend Metern Höhe wieder stieg und erneut Figuren flog. Auf seine Figuren konzentriert, kontrollierte der Pilot die Höhe nicht an Hand der Instrumente, sondern nur visuell. Aber beim Flug überm Meer täuscht man sich leicht: es kommt einem höher vor – anderthalbmal bis doppelt so hoch. Als die Wasseroberfläche schon zu nah und Geschwindigkeit und Übergewicht des Flugzeuges zu groß waren, konnte der Pilot die Maschine nicht mehr aus dem Sturzflug abfangen...

Er prallte aufs Meer. Der Unfall wurde sofort der Befehlsstelle gemeldet, denn die meisten Urlauber am Ort kamen aus dem Ferienheim der Luftstreitkräfte. Einer von ihnen hatte sofort beim Truppenteil angerufen. Unverzüglich wurde die Suche nach dem Piloten und dem Flugzeug eingeleitet. Ein Hubschrauber und Schiffe der Kriegsmarine wurden zum Absturzort geschickt. Im Zentrum des Aufpralls waren Ölflecke und regenbogenfarbene Kerosinflecke. In einer Tiefe von zehn, zwölf Metern wurden kleine Flugzeugtrümmer gefunden, die in einem Radius von zwei- bis dreihundert Metern verstreut waren. Relativ unzerstört waren Fahrwerk und Triebwerk. Der Leichnam des Piloten wurde nicht gefunden. Etwa eine Dreiviertelstunde nach dem Absturz fand ein Grenzposten im Raum Batumi [etwa vierzig Kilometer vom Unglücksort entfernt] im Meer unweit der Küste einen orangefarbenen Gegenstand, der sich als Schwimmweste entpuppte, vielmehr als ein Teil davon.

Ein ähnlicher Fall ereignete sich 1983 mit einer MiG 23 vor der Küste eines Staates, der bei uns eine Partie dieser Flugzeuge gekauft hatte. Derselbe Fehler des Piloten beim Flug über dem Meer führte zum Unglück. Der einzige Unterschied war die Tiefe, in der die Flugzeugteile lagen, sie betrug nur etwa zwei bis vier Meter. Der Leichnam des Piloten wurde nicht gefunden.

Die Hauptgesetzmäßigkeiten bei Flugzeugabstürzen über dem Meer:
– beim Aufprall auf die Wasseroberfläche zerschellt der Flugapparat in winzige Teile, mit Ausnahme der Aggregate mit großem spezifischem Gewicht und kleinem Volumen (Fahrwerk, Triebwerk);
– alle Teile werden über eine große Fläche radial zum Zentrum des Absturzes verstreut;
– leichtere Materialien (Kleidungsstücke, Außenhaut, Isolationsmaterial) können von der Unterwasserströmung sehr weit abgetrieben werden;
– und schließlich: der menschliche Körper wird bei einem Absturz über dem Meer in winzige Teilchen zerschmettert, die über eine große Fläche verteilt werden und deshalb weder sofort noch nach einiger Zeit gefunden werden können.

Die Angehörigen der Toten fordern von der sowjetischen Seite die Wahrheit. Aber es gibt nur eine Wahrheit: die Toten haben sich im Ozean aufgelöst. Der einzig mögliche

Schritt zum Trost der Angehörigen von unserer Seite könnten symbolische kleine Urnen sein, die kleine Flugzeugteile, Kleidungsstücke usw. enthalten. An einem für beide Seiten annehmbaren Ort müßte eine Trauerfeier zum Gedenken an die Toten durchgeführt werden, bei der die Urnen den Angehörigen zur Bestattung in der Heimat übergeben werden.

Sieben Jahre sind vergangen, aber die Tragödie ist nicht vergessen. Es muß auf menschliche Weise ein Schlußstrich darunter gezogen werden.

A. Selinski, Kiew»

«Guten Tag!

Ich schreibe Ihnen wegen der Boeing 747, insbesondere wegen des größten weißen Flecks in der Untersuchung der *Iswestija*, der fehlenden Informationen über die Körper der Umgekommenen. Dafür gibt es einen ganz einfachen Grund: Das Flugzeug ist explodiert, und die Explosion war so heftig, daß von den Passagieren und der Besatzung faktisch keine Spur bleiben konnte. Daß es so war, wird durch die Tatsache bestätigt, daß die Flugzeugteile verstreut waren und es keine größeren Wrackteile gab. Wenn es beim Aufprall aufs Wasser zerbrochen wäre, wären am Unglücksort größere Teile gefunden worden: Tragflächen, Rumpf, Triebwerke, Höhenflosse, Heckleitwerk. Höchstwahrscheinlich ist das Flugzeug schon vor dem Aufprall explodiert.

Zweite Variante. Das Flugzeug explodierte nicht in der Luft, sondern im Wasser. Sie können sicher sein, der Effekt wäre der gleiche. Und daß es beim Aufprall zur Explosion kommt, das ist ein Axiom. In der Untersuchung heißt es, das Flugzeug habe sich nach dem Raketenbeschuß noch zehn Minuten lang in der Luft befunden. Das ist absurd!

Aber nehmen wir an, es war so. Dann wäre das eine manövrierfähige Maschine, denn zehn Minuten, das sind sechshundert Sekunden. Das bedeutet eine Sinkgeschwindigkeit von fünfzehn bis sechzehn Metern pro Sekunde. Für eine solche Maschine ein normaler Sinkflug; wenn die Piloten diese Geschwindigkeit bis zur Wasseroberfläche hätten beibehalten können, wären sie wohlbehalten gewässert. Dann wären auch die Passagiere unversehrt geblieben, auch wenn es vielleicht Tote gegeben hätte, und das Flugzeug wäre nicht vollkommen zerstört, sondern höchstens in große Teile zerbrochen.

Das ist es ja gerade, daß die Maschine nach den Raketentreffern die Steuerung verlor und zum frei fallenden Körper wurde, der beim Fall wegen der abgerissenen Tragfläche um seine Längsachse rotierte. Die Fallgeschwindigkeit nahm von Sekunde zu Sekunde zu. Darum meldeten die Beobachter am Radarschirm der Flugleitstelle des Jägers kurz nach dem Abfeuern der Raketen: Ziel vom Schirm verschwunden.

Darum konnte auch die Crew sich nicht bei den japanischen Bodenstationen melden, mit denen sie wahrscheinlich Verbindung hatte; die durch die Rotation der fallenden Maschine hervorgerufene ungeheure Schwerkraft drückte sie auf ihre Plätze, sie waren nicht in der Lage, auch nur den Knopf des Funkgerätes zu drücken. Darum konnten auch die Passagiere keine Schwimmwesten anlegen oder sonst irgend etwas tun; auch sie wurden von der Schwerkraft auf ihre Sitze gepreßt.

Als das Flugzeug die Wasseroberfläche erreichte, kann seine Vertikalgeschwindigkeit siebzig Meter pro Sekunde erreicht haben. Der Effekt ist derselbe wie beim Aufprall auf die Erde: der Treibstoff explodiert, feste Teile werden durch die Luft geschleudert und ‹weiche› völlig zerstört.

Aufnahme vom Meeresboden an der Absturzstelle

Warum beschreibe ich das so ausführlich? Damit die Verwandten der Umgekommenen ein klares Bild von dem Tod ihrer Angehörigen und deren Verbleib bekommen. Damit sie nicht denken, die Toten seien irgendwo auf Sachalin zusammengescharrt und begraben und man wolle ihnen das verheimlichen. Es gibt einfach nichts, was man ihnen zeigen könnte, ihre Angehörigen lagen nicht auf dem Meeresgrund, sie haben sich in Luft aufgelöst (mit geringfügigen Ausnahmen), so schrecklich das ist. Darum konnten die Taucher nichts finden...

Alexander Awdejew, Tscheljabinsk»

Da sind sie wieder, die zehn Minuten. Jetzt ist verständlich, daß wir das Geheimnis der verschwundenen Toten nicht klären können, ohne diese offizielle Behauptung zu widerlegen. Warum halten die offiziellen Vertreter so hartnäckig daran fest? Ganz einfach: Wenn es so gewesen wäre, hätten die Toten gefunden werden müssen. Sie wurden nicht gefunden? Also waren in dem Flugzeug gar keine Passagiere, also handelte es sich um eine bloße Provokation der amerikanischen Geheimdienste.

Wir haben beharrlich versucht, Zugang zu offiziellen Dokumenten zu bekommen, darunter zu den Berichten der Untersuchungskommission. Doch davon später. Zuvor ein Auszug aus einem Brief des Offiziers B. Kurkow.

«Waren Passagiere darin? Das erscheint jetzt sehr wahrscheinlich, aber damals konnten wir das nicht eindeutig beantworten, weil eine Provokation von amerikanischer Seite nicht auszuschließen war. Wir, der Sondersuchposten, der beim Stab der Pazifikflotte gebildet wurde, verfügten über gewisse Informationen und systematisierten den Ablauf der Sucharbeiten.

Es gab einen Abschlußbericht von Experten der Luftstreitkräfte, den ich aus dem Gedächtnis zitiere: ‹...die Boeing 747 fiel (nach dem Einsatz von Waffen) mit einer Längsneigung von 70 bis 80 Grad (also fast senkrecht) aus einer Höhe von ca. 9000 Metern. Beim Aufprall auf das Wasser explodierte sie. Dabei wurden die Menschen, sollten welche an Bord gewesen sein, in kleine und winzige Stücke gerissen...› Für das Unterstrichene kann ich mich verbürgen, das habe ich mir extra eingeprägt.»

Das bestätigt die Richtigkeit unserer Vermutungen und der Argumente unserer Konsultanten: Bei diesem Fallwinkel kann von einer langen Fallzeit keine Rede sein.

Es gibt also kein Geheimnis des Japanischen Meeres: das Meer hat nur vollendet, was in der Luft geschehen ist. Das Geheimnis sollte das Unmögliche glauben machen: «Wenn

Sie den Text aufmerksam gelesen haben, werden Sie bemerkt haben, daß das Vorhandensein von Passagieren angezweifelt wurde, jedenfalls faßten wir das damals so auf – vielleicht waren welche drin, vielleicht auch nicht. Wir verfügten über eine Liste der geborgenen Gegenstände. Das waren vor allem Sachen, aber auch Körperteile, wenn auch wenig. Zum Beispiel ein halber Kopf, eine Hand, Frauenhaare, ein Führerschein, eine Geburtsurkunde, ein Taufschein und sehr viele Kleidungsstücke – Mäntel, Jacken, ein Jeansanzug usw. Bei einigem Nachdenken und wenn man das Sachverständigengutachten und die geborgenen Gegenstände in Verbindung gebracht hätte, wäre wohl jedem klar geworden, daß Menschen an Bord waren, aber wir glaubten trotzdem (oder wollten gern glauben), daß es sich um eine Provokation der Amerikaner gehandelt hatte und das Flugzeug leer gewesen war.»

Das Geheimnis des Japanischen Meeres haben sich also die Militärs auf dem Festland ausgedacht. Um ihre Handlungsweise zu rechtfertigen. Sie setzten die Version vom «leeren Flugzeug» in die Presse und leider in die Köpfe vieler Menschen.

Flughafen von Seoul, Südkorea, 1. September 1983. Angehörige haben erfahren, daß die KAL 007 von einem «dritten Land» abgeschossen worden ist.

Dritter Teil

ZU LANDE

EINS

«Für wen arbeiten Sie?»

«Drehscheibe» heißt im Volksmund das gelbe Telefon mit dem goldenen Wappen, offiziell ATS-2, die Regierungsleitung. Einfach so ruft über diese Leitung niemand in der Zeitung an. Die Personen am anderen Ende nehmen sich das Recht, Auskunft zu verlangen, «Ratschläge» zu erteilen, sogar die «übermütig gewordene Presse» zurechtzuweisen. Solche Anrufe sind in letzter Zeit selten geworden, aber das unangenehme Gefühl, das dieser Apparat auslöst, bleibt.

Als im Dezember vorigen Jahres der Artikel «Sieben Jahre nach der Tragödie über Sachalin» erschienen war, der zum erstenmal Dinge enthielt, die der offiziellen sowjetischen Version des zur Vernichtung der Boeing 747 führenden Geschehens widersprachen, klingelte dieses Telefon. Der Anrufer stellte sich vor und lud mich (Andrej Illesch) ein, zu einer mir genehmen Zeit in den Generalstab der Streitkräfte der UdSSR zu kommen und mich mit eigens für die *Iswestija* zusammengestellten Dokumenten vertraut zu machen. Eine so prompte Reaktion auf unsere Publikation verblüffte mich, mehr noch das wohlwollende Interesse. Unsere Recherchen hatten uns bisher zu dem Schluß kommen lassen, daß es nicht eben einfach war, von den Militärs und anderen einflußreichen Organisationen Informationen zu bekommen. Und nun diese Einladung.

179

Am Generalstab beeindruckte mich vor allem der viele Marmor, die Schwierigkeit, einen Passierschein zu bekommen, und die endlose Folge von Türen, die der mir zugewiesene Begleiter mit einem Code öffnete. Und die detaillierten schematischen Darstellungen der Schlachten von Kulikowo und Poltawa an den Wänden.

Das Zimmer, in das ich schließlich geführt wurde, war bescheiden, doch nach der Anzahl und Vielfalt der Sondertelefone zu urteilen war der Mann, der darin saß, ein Generalmajor in Felduniform, eine wichtige Person.

Sein Rang und Name spielen keine Rolle, denn wir sind überzeugt: das weitere hat mit diesem äußerst beschäftigten Herrn persönlich wenig zu tun. (Unser Gespräch wurde ständig durch Anrufe über die supergeheime Leitung unterbrochen, und der General sprach abgehackte Satzfetzen in den Hörer wie: «Was, ist schon gestartet?», «Im Anflug?», «Verstanden, handeln Sie!») Das ganze Theater, das sich in seinem Zimmer abspielte, war dem General selbst peinlich, und als wir uns verabschiedeten, drückte er uns freudig die Hand und entließ uns – alles Unangenehme war vorbei.

Außer dem General saß noch jemand im Zimmer, offenbar ganz «zufällig», ein Zivilist, der sich nicht einmal vorstellte. Während des ganzen Gesprächs las er aufmerksam einen sicherlich hochinteressanten Zeitungsartikel. Allerdings ist schwer vorstellbar, daß ein Fremder durch so viele Türen und Kontrollposten kam, um hier bloß so zu sitzen und Zeitung zu lesen...

Welche Information über die ebenso tragische wie geheimnisvolle Geschichte des Todes von 269 Menschen über Sachalin sollten die Leser unserer Zeitung mit Millionenauflage bekommen?

Schon die ersten Worte des Gesprächs zerstreuten unsere naiven Erwartungen. Wie beim zünftigen Politunterricht erläuterten die Militärs die Schädlichkeit von Zeitungspublikationen zu diesem Thema. Sie würden «einen Keil zwischen Armee und Volk treiben», «verleumden», «verunglimpfen» usw. usf. Außerdem könne die Zeitung «den Präsidenten bei der Erfüllung seiner wichtigen internationalen Mission behindern».

Die einzige Information, die ich aus dem Generalstab mitnahm, war die, daß wir mit keinerlei Informationen seitens der Militärs rechnen können.

Etwas gaben sie mir aber doch mit. Ein Papier mit dem Titel «Über die armeefeindliche Kampagne in der Sowjetunion». Rechts oben ein Vermerk: «Mitteilung aus Washington». Von wem, woher und wann, davon kein Wort. Worum geht es darin? Wir werden das Dokument im Wortlaut zitieren. Obwohl die Lektüre vom Leser einige Anstrengung verlangt, denn es ist in der typischen Kanzleisprache der Militärs abgefaßt, voller Auslassungen und Andeutungen. Aber es illustriert anschaulich das Verhältnis der Armee zur Presse, die sich «militärischer Geheimnisse» annimmt, in der Zeit der «Glasnost».

«Die militärpolitische Führung der USA beabsichtigt, die von amerikanischen Geheimdiensten durchgeführte Kampagne zur Diskreditierung der Streitkräfte der UdSSR zu aktivieren, in die antisozialistische und andere destruktive Elemente in der Sowjetunion und ihre Organisationen einbezogen sind.

Wie hochrangige amerikanische Vertreter in Privatgesprächen mitteilen, kann auf Beschluß des Nationalen Sicherheitsrates der USA die ‹Vernichtung› des südkoreanischen Passagierflugzeugs KAL 007 auf dem Flug von New York nach Seoul ‹durch die sowjetische Luftverteidigung› im September 1983 zur Verstärkung der armeefeindlichen Kampagne breit genutzt werden. Es wird festgestellt, daß dieser Beschluß zwei Wochen nach Veröffentlichung der *Iswestija*-Mitteilung über die ‹selbständigen Recherchen› ihrer Mitarbeiter zu dem Zwischenfall gefaßt wurde, was damit zusammenhängt, daß die geplante Aktion mit dem Sicherheitsberater des Präsidenten abgesprochen werden mußte.

Auf Empfehlung des Nationalen Sicherheitsrates soll besonders die angebliche ‹Absichtlichkeit› der Handlungen der sowjetischen Militärführung bei Erteilung des Befehls, das Flugzeug abzuschießen, eine Rolle spielen. Davon zeuge die ‹Verheimlichung› der Tatsache, daß die Taucher der Pazifikflotte den abgeschossenen Airliner, der in rund dreißig Metern Tiefe nahe der Insel Moneron lag, sehr schnell fanden. Außerdem soll zur Diskreditierung der sowjetischen Militärführung angeführt werden, daß der südkoreanische Airliner von der sowjetischen Marine unter strengster Geheimhaltung geborgen und vernichtet und die Körper der 269 Insassen verbrannt wurden. Der sogenannte ‹schwarze Kasten› oder die Apparatur zur Registrierung der Flugdaten sei aufbewahrt worden, um ihn in einem der damaligen sowjetischen Militärführung günstigen Sinne zu manipulieren.

Der Nationale Sicherheitsrat empfiehlt außerdem die breite Ausnutzung der Losungen von Demokratie und Glasnost in der Sowjetunion, die angeblich von der sowjetischen Militärführung behindert würden, weil sie in ihrem Besitz befindliche Informationen über die Vernichtung des südkoreanischen Flugzeugs geheimhalten und die Recherchen der *Iswestija* behindern wolle. Betont sei, daß die Geheimhaltung der Einzelheiten des Zwischenfalls der sowjetischen und internationalen Öffentlichkeit als Widerstand der Führung der Streitkräfte der UdSSR gegen die radikalen politischen und wirtschaftlichen Veränderungen im Land präsentiert werden soll.

Es wird vermerkt, der Beschluß des Nationalen Sicherheitsrates beruhe auf dem allgemeinen Herangehen der USA-Administration an die Entwicklung der Beziehungen zur Sowjetunion, auf dem amerikanischen Bestreben, die allmähliche Desintegration der UdSSR, die Herausbildung und Festigung kapitalistischer Wirtschaftselemente zu fördern. Die politischen und wirtschaftlichen Veränderungen in der UdSSR, die auf die Schaffung eines Marktmechanismus zielen, entsprechen den gegenwärtigen Sicherheitsinteressen der USA und werden von der amerikanischen Regierung voll unterstützt. In diesem Zusammenhang ist die von den USA organisierte Kampagne zur Diskreditierung der sowjetischen Militärführung dazu gedacht, das Vertrauen der höchsten militärpolitischen Führung des Landes zu den Streitkräften zu untergraben, die gegenwärtig die einzige reale Kraft im Lande gegen die destruktiven Elemente und ihre Organisationen sind, die die Macht in der UdSSR an sich reißen wollen.»

Das ist es also! In Washington ist man demzufolge zu dem Schluß gekommen, die Rote Armee sei die einzige Hoffnung und Stütze der demokratischen Veränderungen in der UdSSR. Auch den «destruktiven Elementen», die «die Herausbildung und Festigung kapitalistischer Elemente» anstreben, ist man dort auf die Spur gekommen. Offenbar gehört dazu auch die *Iswestija*. Auf eine Veröffentlichung dieses anonymen Textes in der Zeitung haben wir verzichtet – es war uns vor den Lesern peinlich für unsere Generäle: Die Fälschung war allzu offensichtlich, zu grob gestrickt. Außerdem wollten wir uns künftige Kontakte mit den Militärs offenhalten; es gibt noch zu viele Fragen, die nur sie beantworten können. Darum schickten wir einen Brief an den Verteidigungsminister der UdSSR, Marschall Jasow:

«Sehr geehrter Dmitri Timofejewitsch!

Die *Iswestija* veröffentlicht seit über zwei Monaten Material zur Geschichte der Vernichtung der koreanischen Passagiermaschine Boeing 747, die in der Nacht vom 31. August zum 1. September 1983 in den Luftraum der UdSSR eingedrungen war. Diese Veröffentlichungen haben eine große internationale Resonanz, auch der Präsident der UdSSR hat uns sein positives Urteil wissen lassen.

Zur objektiven und allseitigen Untersuchung scheint es uns sehr wichtig, Zugang zu bestimmten Dokumenten über Expertenuntersuchungen zu bekommen, die im Besitz des Verteidigungsministeriums und des Generalstabs sind.

Wir bitten Sie, auch die Führung der Hauptverwaltung Aufklärung, der Seestreitkräfte, der Luftverteidigung und der Marine anzuweisen, mit den Korrespondenten der *Iswestija* zu sprechen und ihnen entsprechende Interviews zu geben. Der Untersuchung besonders dienlich sein könnten unserer Ansicht nach die Marschälle S. F. Achromejew, I. M. Tretjak und N. W. Ogarkow. Die Redaktion rechnet mit ihrer Hilfe und ihrem Verständnis.»

Der Marschall hatte damals sicher Wichtigeres zu tun – immerhin mußte ein Putsch vorbereitet werden. So bekamen wir als Antwort einen Brief aus dem Generalstab der Streitkräfte der UdSSR:

«Das Verteidigungsministerium der UdSSR, das an der Untersuchung des Zwischenfalls mit dem südkoreanischen Flugzeug am 1. September 1983 beteiligt war, hat die in seinem Besitz befindlichen Informationen der Untersuchungskommission zur Verfügung gestellt.

Sie wurden den offiziellen Dokumenten der Kommission beigefügt und dem Rat der ICAO [Internationale Zivilluftfahrtorganisation] vorgelegt. In der Folgezeit brachten die sowjetischen Vertreter bei Sitzungen des Rates der ICAO und bei der Arbeit von Gremien dieser internationalen Organisation neue Untersuchungsergebnisse zur Kenntnis, die in der Presse veröffentlicht wurden.

Mit der privaten Untersuchung des Zwischenfalls durch die *Iswestija* hat das Verteidigungsministerium der UdSSR nichts zu tun, für den Inhalt der Publikationen ist es nicht verantwortlich. Ich halte es für geboten, Ihnen mitzuteilen, daß im Januar [1991] im Generalstab eine Begegnung mit einem Mitarbeiter Ihrer Zeitung stattgefunden hat, bei der er mit einer aus Washington stammenden Information bekannt gemacht wurde, die das Interesse bestimmter Kreise im Westen, vor allem in den USA, an der Veröffentlichung einiger Gerüchte und Lügen, den Zwischenfall am 1. September 1983 betreffend, belegt. (Die nachfolgenden Ereignisse und Anfragen über das Außenministerium bestätigten das.)

In der Nummer 27 der *Iswestija* vom 31. Januar 1991 bezeichnet Ihr Mitarbeiter Andrej Illesch diese Begegnung als ‹Theater›, ‹zünftigen Politunterricht› und geht mit keinem Wort auf den Inhalt des ihm zur Kenntnis gegebenen Materials ein. Wohl deshalb, damit der Leser nicht begreift, auf wessen Mühle die *Iswestija* mit ihrer privaten Untersuchung Wasser gießt. Statt dessen schreibt er, um den Leser zu reizen, von üppigem Marmor und Türen mit Codeschloß im Gebäude.

Aus gegebenem Anlaß möchte ich mein Bedauern darüber ausdrücken, daß die *Iswestija*, das Organ der Volksdeputierten der UdSSR, sich in die Reihe der Publikationen gestellt hat, die ständig armeefeindliche Propaganda treiben, wodurch sie sich keineswegs unsere Sympathie erwirbt.

Stellvertretender Generalstabschef, Generaloberst
W. Denissow»

Die Militärs wollten also tatsächlich, daß der Text, der wegen seiner Anonymität und der unklaren Informationsquelle kaum ein Dokument zu nennen ist, veröffentlicht wird. Versuchen wir, die Situation zu analysieren.

Es ist offensichtlich, daß die Ergebnisse der Recherchen, die in der Zeitung veröffentlicht wurden, mit keiner der «Mutmaßungen» des «amerikanischen Szenariums» übereinstimmen. Im Gegenteil, unser Material widerlegt sie! Das Verhältnis der Militärs zu unserer Zeitung dagegen entspricht leider weit mehr den Plänen und Absichten der amerikanischen Geheimdienste, wenn sie in dieser Sache überhaupt welche haben. Ist die Verweigerung der Mitarbeit (der Brief aus dem Generalstab ist nicht das einzige Beispiel) nicht viel eher im Interesse der Amerikaner als der Versuch, die Wahrheit herauszufinden? Wäre es nicht vernünftiger, gemeinsam zur Wahrheit vorzustoßen, die zu verbergen auch für die amerikanischen Geheimdienste von Vorteil zu sein scheint?

Wir wollen nicht behaupten, daß die Geheimdienste der USA keinerlei böse Pläne und Intrigen gegen unser Land im Sinn hätten. 1983, im Zusammenhang mit dem südkoreanischen Flugzeug, waren sie besonders unheilschwer. Aber davon später. Wichtig ist vorerst nur eins: Wie einfach ist in fremden Szenarien das Verhalten unserer Seite vorauszusehen! Eine Rolle zu schreiben, das ist ja erst die eine Hälfte. Wichtig ist doch, ob sich jemand findet, die Rolle zu spielen. In dem ‹Szenarium›, das wir im Generalstab bekamen, war die Rede davon, die sowjetische Militärführung ‹sei angeblich bestrebt, in ihrem Besitz befindliche Informationen geheimzuhalten›. Das trifft wirklich zu – davon konnten wir uns überzeugen. Verglichen mit dem tragischen Zwischenfall von 1983 ist diese «Inszenierung» natürlich eine Kleinigkeit. Aber war es damals nicht ganz ähnlich? Es mußte die Rolle des von keinerlei Skrupeln geplagten Aggressors gespielt werden, und unsere Militärs waren nur zu gern dazu bereit.

Wer hat getötet, derjenige, der dem Mann die Schlinge um den Hals gelegt hat, oder der, der ihm den Hocker unter den Füßen wegstieß? Der zweite schiebt alles auf den ersten – hätte er keine Schlinge um den Hals gehabt, hätte ich ihn nicht töten können! Der erste beschuldigt den zweiten – wärst du nicht gewesen, wäre ihm nichts passiert. Aber den Angehörigen des Toten ist diese Diskussion egal – beide Männer sind Henker.

Das Verhalten unserer Militärs erinnert an den Mann mit dem Hocker. Die Logik ist die gleiche: Wenn die Amerikaner nichts Böses getan hätten, hätten auch wir unseren Teil nicht beigetragen. Der Gedanke, daß man auf Böses nicht unbedingt mit Bösem antworten muß, kommt ihnen gar nicht in den Sinn. Darum dreht sich in erster Linie unser Streit mit den Militärs, die sich weigern, die Priorität allgemeinmenschlicher Werte anzuerkennen, und aus Leibeskräften, unter dem Deckmantel des Geheimnisschutzes, ihre Logik der Stärke, ihr Prinzip «Böses mit Bösem vergelten» aufrechterhalten wollen.

Aber unsere Illusionen, die Militärführung könnte uns entgegenkommen, waren sowieso nur vage und von kurzer Dauer. Etwas anderes traf uns viel mehr: die Tatsache, wie tief im Bewußtsein der einfachen Menschen in unserem Land dieses militärische Denken verwurzelt, wie hartnäckig das Feindbild ist (das bezieht sich vor allem auf die USA), wie schnell jemand als «CIA-Agent» beschimpft wird. Hier einige Zeilen aus Briefen, die als Reaktion auf die Artikel über die Boeing in unserer Redaktion eingingen.

«Eure Korrespondenten wühlen und wühlen. Sie wollen sich wohl das Lob der USA verdienen, vielleicht bekommen sie ja für ihre Bemühungen auch schon Trinkgeld. Allen sowjetischen Menschen ist klar: Das war ein Grenzverletzer... Auf wessen Mühlen gießt ihr Wasser? Semjonow.»

«Wozu solche Publikationen, wozu unsere Heimat erniedrigen, die dank der Bemühungen unserer Korrespondenten schon genug beleidigt wurde? Für wen arbeitet Illesch? Was zahlt ihnen die CIA? I. M. Lawrentjew, Cherson.»

«Aus irgendeinem Grund ist der Autor den wahren Mördern wohlgesonnen, denen, die das mit Aufklärungsapparatur ausgestattete Passagierflugzeug in den sicheren Tod schickten. N. Dubinin, Machatschkala.»

«Womit sich diese Journalisten befassen, empört mich einfach! Ja, die Flugzeugtragödie macht niemandem Ehre, aber das betrifft vor allem jene, die es in den fremden Luftraum geschickt haben. Unsere Militärs haben richtig gehandelt, schließlich verteidigen sie die Grenzen ihres Landes. W. Tumanow, Saporoshje.»

Wir könnten noch mehr solcher Briefe zitieren, wenn es auch zum Glück weniger waren als die anderen, die uns ihr Interesse und ihr Wohlwollen bekundeten. Aber sie enthalten die Logik des Henkers mit dem Hocker, und das ist besonders schmerzlich. Ja, es sind unschuldige Menschen umgekommen, aber diese Tatsache bleibt außerhalb des Bewußtseins. «Ich bin von Ihren Veröffentlichungen sehr enttäuscht. Die Hauptfrage in der Geschichte der Boeing ist doch, warum sie sich über sowjetischem Hoheitsgebiet befand. Dieses Geheimnis haben Sie nicht lüften können.»

Das Schlimmste an diesem Brief ist die Unterschrift: «I. Bassow, Arzt». Selbst für ihn, einen Arzt, ist nicht der Tod von Menschen das Wichtigste, sondern die Möglichkeit, daß die Ereignisse in Zusammenhang mit einem Spionageakt stehen.

Wir haben so viele Jahre lang in einer Atmosphäre des Mißtrauens und der Verdächtigungen, der Aggressivität und Ablehnung alles Fremden gelebt und unsere Kinder erzogen, daß wir schwerlich von allen verlangen können, die militante Unfreiheit umgehend abzulegen. Es ist schwierig, die Werteskala (nicht mit Worten, sondern in der Tat) zu verändern und das Wichtigste, die Freiheit und den Wert des menschlichen Lebens, ganz obenan zu stellen.

Vorerst leben wir noch in einer Welt der Stereotype und Vorurteile, wie in dem fernen Jahr 1983, als ein Flugzeug mit Passagieren, das in das Territorium der UdSSR eindrang, der Zerstörung preisgegeben war. Ob es ein Szenarium dafür gegeben hat oder nicht, sein Schicksal war vorherbestimmt.

ZWEI

Generäle und Oberste

Im August 1991 hat sich in aller Klarheit ein wesentlicher Grund offenbart, warum die Perestroika seit Ende 1990 verkümmerte und ein deutlicher Rechtsrutsch spürbar war: Die Armee war, sowohl in ihrem Innern als auch hinsichtlich ihrer Stellung in der Gesellschaft, in eine tiefe Krise geraten, ein Prozeß, der verstärkt durch parallele Entwicklungen in der KPdSU, dem KGB und anderen Superstrukturen, mit einem gewissen Eigenimpuls auf den von so vielen befürchteten Putschversuch zusteuerte. Wir wollen keineswegs die politische Situation des von Widersprüchen, von wirtschaftlichen Mißständen, von nationalen Auseinandersetzungen zerrissenen riesigen Sowjetreiches zu Beginn der neunziger Jahre gründlich analysieren, wir versuchen nur kurz die eigene Position zu erklären.

Es liegt uns fern, mit unserer Arbeit die Armee als solche zu verunglimpfen. Wenn wir von der Gegenwart sprechen, genauer, von der Untersuchung der Boeing-Tragödie, dann haben wir Grund zu der Annahme, daß die Stimmung in der Armee nicht homogen ist. Jedenfalls gewannen wir gut die Hälfte unserer Helfer und Konsultanten aus militärischen Kreisen. Es waren vor allem Oberste – die Intelligenz der Armee, die obere Schicht der «Mittelklasse» –, die uns anriefen, uns schrieben und zu uns in die Redaktion kamen.

Sie waren in der Lage, den gegenwärtigen Zustand in den Truppen kritisch einzuschätzen...

Die Ironie des Schicksals (oder seine Logik) will es, daß gerade jetzt, da wir an diesem Kapitel unseres Buches arbeiten, Moskau von Militärs überschwemmt ist, daß es in den Parks von Soldaten der inneren Truppen (die dem Innenminister unterstellt sind) wimmelt. Entlang der zentralen Straßen stehen Militärlaster, in den Höfen Panzerwagen. So bereiteten sich die Herrschenden auf die Demonstration zur Verteidigung Boris Jelzins vor. Auf Befehl des damaligen Innenministers Boris Pugo befanden sich am 28. März 1991 50000 Menschen in Uniform und in Zivil in der Stadt, mit der Aufgabe, die Demonstranten nicht ins Stadtzentrum zu lassen. Die Regierenden hatten beschlossen, sie für ihre Ziele auszunutzen, sich durch Militär gegen das Volk abzuschirmen. Aber auch die Militärs, unter denen die Unzufriedenheit wuchs, verfolgten ihre eigenen Ziele – Wiederherstellung ihres Prestiges, Verbesserung der Lebensbedingungen, soziale Forderungen und sogar politische Ambitionen. Sie führten bereits in Tbilissi und Baku, in Vilnius und Riga zu Blutvergießen und mündeten schließlich in jenen großangelegten und doch so kläglich gescheiterten Versuch, das Rad der Geschichte noch einmal mit Gewalt zurückzudrehen. Wird nach den Ereignissen im August 1991 endgültig eingestanden: Die Armee darf nur als ein Teil des Volkes existieren, sie hat nicht das Recht, dem gesamten Volk ihre Forderungen und Gesetze zu diktieren?

Aber kommen wir auf die Boeing zurück und auf die Obersten, die uns mit Informationen versorgten.

Aus dem Brief von N. Watutin, Dozent an der Luftwaffen-akademie:

«Als Sie die Situation im Herbst 1983 bei der Insel Mone-ron schilderten, schrieben Sie folgendes: ‹Die einen such-ten, andere beobachteten heimlich, die dritten versteckten das Gefundene und verwischten die Spuren...› Diese zwei-fellos richtige Behauptung enthebt mich der Notwendigkeit nachzuweisen, daß bei einem Geheimnis jeder sein eigenes Interesse verfolgt. Aber eine derartige ‹Geheimniskräme-rei› verwirrt das ohnehin Verworrene unweigerlich noch mehr. Da erhebt sich die sattsam bekannte Frage: Wem nützt das? Die Antwort darauf muß am Anfang der Unter-suchung aller ‹Geheimnisse› stehen.

Ohne Ihnen widersprechen zu wollen, bekenne ich: Gleich als ich damals [im September 1983] die TASS-Mel-dung las, gab es für mich nichts Geheimnisvolles. Ich bin sicher, daß auch Sie hinter den Zeilen dieser Meldung weit-aus mehr sahen, als deren Autoren lieb war. Freilich hatte ich bessere Voraussetzungen – ich war 23 Jahre lang Flug-lehrer in Ausbildungsstätten der Luftstreitkräfte und konnte mir genau vorstellen, was in der Luft geschehen war und was dann folgte. Bereits am 1. September hatte ich im-mer wieder gesagt: ‹Herrgott, jede Schlamperei muß doch ihre Grenzen haben, wie lange kann man sich ungestraft in die eigene Tasche lügen?› Ich ahnte, daß keiner, von den Allerhöchsten bis zu Gennadi Ossipowitsch, dieses ‹Ge-heimnis› so akzeptieren würde, wie es wirklich war.

Es gibt hier nur ein Geheimnis, und das ist – himmel-schreiende Nichtprofessionalität.

Nein, es geht nicht um mangelnde Kenntnisse, Fähigkei-ten und Fertigkeiten, sondern darum, daß bei der professio-nellen Rechtlosigkeit alle Kenntnisse und Fähigkeiten zu-wenig sind.

Also, professionelle Rechtlosigkeit und ihre unausweich-
liche Folge – ‹für den Rechtlosen ist nichts verbindlich›. Zu
welchen Paradoxa führt das?

TASS teilte unter anderem mit: ‹Die Abfangjäger, die
dem eingedrungenen Flugzeug entgegengeschickt wurden,
versuchten ihm zu helfen (wie zum Teufel?!), auf dem
nächstgelegenen Flugplatz zu landen.›

Welches ‹Geheimnis› kannten der Autor und die Zensoren dieser Zeilen? Sie wußten vor allem eins – so muß es
sein! Nicht aus Menschenfreundlichkeit schrieben die Autoren der TASS-Meldung das, sondern weil es so in einer
entsprechenden Dienstvorschrift der Militärs fixiert ist.
Aber leider kann dort, wo Rechte und Pflichten der Willkür
überlassen sind, nichts verbindlich sein. Und was TASS meldete, konnte gar nicht so sein, eine derartige Variante kam
nicht einmal dem ‹Haupthelden› in den Sinn.

Es geht natürlich nicht um G. Ossipowitsch (ich bin auch
nicht sein Richter), aber er hielt nun mal, wenn auch zufällig, das Schicksal in seinen Händen. Und es ist nicht seine
Schuld, daß er (wie der überwiegende Teil unserer Offiziere)
das vollendete Bild eines Roboters, einer Marionette abgab.
Mein Gott, wie sehr muß ein Mensch deformiert sein, wenn
er (nach allem Vorgefallenen) in vollem Ernst stammelt:
‹Das Dilemma aller sowjetischen Piloten besteht darin, daß
wir die Passagiermaschinen der ausländischen Gesellschaf-
ten nicht richtig kennen.›

Wahrlich: Dort, wo sogar das Minimum an Eigenverant-
wortung überflüssig ist, muß es an allem fehlen!

Werden wir nach allem, was nach dem 1. September 1983
passierte, wirklich nicht begreifen, daß uns die professionelle Rechtlosigkeit, die Nichtprofessionalität zugrunde
richtet und in überspannte Idioten verwandelt?

Wem also nützt die Lüge der ‹Geheimnisse› und das ‹Geheimnis› der Lüge? Offensichtlich vor allem den ‹Schöpfern› unseres Lebens. Sie kommen immer mit heiler Haut davon und verstehen es, alles als gottgewollt anzusehen.»

Es folgen die Überlegungen von Juri Sacharow, Oberst der Reserve, ehemaliger Abfangjägerpilot bei der Luftverteidigung: «Ich beginne damit, worüber Ossipowitsch klagt. Er hat an unserem Grenzposten Dienst getan und besaß wie auch die anderen Piloten des Geschwaders nicht die geringste Vorstellung von den Merkmalen der Passagierflugzeuge (ihren Silhouetten, ihrer Geschwindigkeit, Flughöhe usw.). Und das, obwohl die internationale Flugroute, nach sibirischen Maßstäben, vor seiner Nase verlief. Leider trifft das für jene Jahre voll und ganz zu, und vielleicht auch für die Gegenwart. Das wurde uns nicht beigebracht. Aber andererseits macht es Ossipowitsch keine Ehre. Er war Stellvertreter des Geschwaderkommandeurs, zuständig für Flugausbildung und nicht für Politunterricht, und er hätte die ihm anvertrauten Flieger auf all das vorbereiten müssen, was einem Piloten in einer außergewöhnlichen Situation in der Luft begegnen kann. Im gegebenen Fall ein Passagierflugzeug. Schon damals wußten selbst Menschen, die nichts mit dem Flugwesen zu tun hatten, daß zahlreiche Fluggesellschaften den Flugzeuggiganten Boeing 747 mit dem charakteristischen buckligen Rumpf einsetzten.

Dank dieses ‹Buckels› ist das Flugzeug sozusagen ein mehrstöckiges fliegendes Haus. In seinem Leib sind sogar ein Fahrstuhl, ein Kinosaal, eine Bar und anderes mehr untergebracht. Es ist das komfortabelste und geräumigste Verkehrsflugzeug der Welt, und diese Maschine mit einer TU 16 zu verwechseln, selbst am Nachthimmel, ist so, als verwechselte man einen Bernhardiner mit einem Bologneser.

Jetzt zum Kern des Vorfalls. Ich bin überzeugt, daß bei weitem nicht alle Möglichkeiten ausgeschöpft wurden, das eingedrungene Flugzeug zu identifizieren, um danach vernünftige Entscheidungen zu treffen. Ich rede schon gar nicht von den nachfolgenden plumpen Versuchen unserer militärpolitischen Führung, eine derart schreckliche Aktion zu rechtfertigen und die Verantwortung von sich zu weisen.

Ich weiß aus eigener Erfahrung, wie schwer es ein Abfangjäger hat. Ein Luftziel in der Nacht abzufangen, noch dazu in den Wolken, das ist der Höhepunkt der militärischen Ausbildung eines Abfangjägers. Das erfordert Jahre beharrlicher Fliegerarbeit, den Mut, das Leben zu riskieren, und kühle Berechnung.

Hat Ossipowitsch alles einkalkuliert? Die Visieranlage des Abfangjägers ermöglichte es dem Piloten, das eingedrungene Flugzeug über viele Kilometer auszumachen, und er mußte dann auch sehen, daß er ein großes Flugzeug mit eingeschalteten Positions- und Blinklichtern vor sich hatte, das keinem der Militär- oder Aufklärungsflugzeuge glich, deren Silhouetten der Oberstleutnant sehr gut kannte, denn alle Wände der Unterrichtsräume und Dienstzimmer waren mit Abbildungen von ihnen vollgeklebt.

Merkwürdig, daß er das Gesehene nicht der Befehlsstelle mitteilte. Oder er hat es mitgeteilt, und es ist kein vernünftiger Befehl erfolgt. Dabei drängte sich eine einfache und vernünftige Entscheidung von selbst auf – der Befehl an Ossipowitsch, auf Parallelkurs zu gehen, kurz neben dem Grenzverletzer herzufliegen und Lichtsignale zu geben, dann hätte ihn die Crew sofort gesehen. Und er selber hätte die erleuchteten Kabinenfenster des Riesenflugzeugs gesehen und begriffen, was für ein Ziel er vor sich hatte.

Es entsteht jedoch der Eindruck, daß im Piloten wie auch beim Bodendienst, beeinflußt von den häufigen Verletzungen des Luftraums durch Militärflugzeuge der USA, das heilige Feuer der Rache aufloderte, als sie endlich ein feindliches Flugzeug im Visier hatten.

Davon überzeugen mich auch die Äußerungen Ossipowitschs nach dem Flug. Nicht nur, daß er seine Handlung nicht im mindesten bereut – er glaubt ‹auch jetzt noch nicht, daß Passagiere an Bord waren›.

In dem Versuch, meinen Kollegen vom Gegenteil zu überzeugen, obwohl mir das schwerlich gelingen wird, mache ich eine kleine Abschweifung.

Nach langen Dienstjahren im Flugwesen absolvierte ich die Militär-diplomatische Akademie und war über zehn Jahre zuerst Sekretär und dann Militärluftfahrtattaché in Kanada, Dänemark und den Niederlanden. Und ich erkläre mit hundertprozentiger Gewißheit: es war ein Zivilflugzeug, denn ich mußte eine Menge Originaltexte lesen, offizielle Dokumente und Briefe von Angehörigen der Umgekommenen, die mich sehr bewegt haben.

Ich möchte nicht, daß mein Brief als Angriff auf die Piloten angesehen wird. Im Gegenteil, ich bin stolz, auch einer zu sein, es ist ein wunderbarer, heldenhafter Beruf. Aber das enthebt die Piloten keineswegs der Verantwortung für ihre Taten.

Außerdem bin ich sicher, daß die gedankenlosen, verantwortungslosen Handlungen, die vor sieben Jahren zur Vernichtung des Zivilflugzeugs führten, in direktem Zusammenhang mit den heutigen Aktionen der ‹schwarzen Barette› stehen. Dieselbe Handschrift: Zerstöre, ohne nachzudenken – für uns denken andere. Und dieselbe Lüge zur Rechtfertigung – damals wurde der Weltöffentlichkeit Sand in die Augen gestreut, heute wird uns das Gehirn vernebelt.»

Diese Offiziere sind sich in einem wesentlichen Punkt einig: sie wissen, daß eine Professionalisierung der Armee unmöglich ist ohne die Wiederherstellung der Ehre und Würde des Menschen (darunter auch der Militärs!), ohne den Verzicht auf grobe Gewalt als Druckmittel.

Und was ist mit den Generälen?

Bevor wir die höheren Militärs zu Wort kommen lassen, noch ein paar Sätze zu einem Nebeneffekt unserer Arbeit.

Man beklagte sich bei uns Journalisten! Als erster jener anonyme Flottenadmiral im zweiten Teil unseres Buches. Er zögerte und schwankte lange und konnte sich doch nicht entschließen, seinen Namen öffentlich zu nennen. Sein erster Anruf in der Redaktion war bitterböse, und er sprach in heftiger Erregung.

«Verstehen Sie, wir von den Seestreitkräften besaßen nie das, was für eine richtige Flotte unerläßlich ist, und doch tun wir so, als hätten wir alles. Nicht nur die Marine, unsere ganze Armee ist die am schlechtesten bezahlte der Welt! Nach uns kommen nur noch die Mongolei und Vietnam... Gleichzeitig wurde dem sowjetischen Volk immer eingehämmert, daß es auf die unerschütterliche Kraft von Armee und Flotte stolz sein müsse. Der militärisch-industrielle Komplex verfüge über ungeahnte Kapazitäten. Meine langjährige Erfahrung bestätigt, daß es dort wirklich gewaltige Kapazitäten gibt, aber es werden zumeist die gleichen Technologien angewandt wie im Zivilbereich. Vergleichen Sie einen japanischen Fernseher mit einem sowjetischen – ungefähr der gleiche Unterschied besteht auch in der militärischen Elektronik, in der übrigen militärischen Ausrüstung. Zumindest bei der Flotte. Wir sind in der Funkmeßtechnik, im Schiffsbau, in der funkelektronischen Abwehr hoffnungslos zurückgeblieben. Bei uns im Land wurde immer auf Quantität gesetzt. Wollen Sie Beispiele? Bitte: ein amerikanisches U-Boot läuft sechsmal leiser als unseres. Und wenn ihm zehn sowjetische entgegenstehen, weicht es allen zehn aus und vernichtet sie nacheinander. Aber wir schweigen und tun so, als wüßten die Amerikaner das nicht. Die – schweigen auch. Für sie ist es vorteilhafter zu zeigen, daß es in der Sowjetunion viel mehr Waffen gibt als bei ihnen. Bei uns werden minderwertige Schiffe zu Wasser gelassen, die nicht den modernen technischen Standards entsprechen. Und die U-Boote? In der UdSSR gibt es zwanzig verschiedene U-Boot-Modelle. Die Amerikaner haben ganze vier. Sagen Sie, welches Land hält wirtschaftlich eine solche Menge von Projekten aus? Das ist doch Wahnsinn. Übrigens gibt es dafür eine einfache Erklärung: Mit jedem neuen ‹Modell› werden ein paar neue Helden der sozialistischen Arbeit, Träger des Lenin- und des Staatspreises, Hunderte Ordensträger geboren. Es entstanden neue Projektierungsinstitute und militärische Laboratorien, und damit auch neue Generalsposten...»

Man kann nicht sagen, daß ein derartiges Bekenntnis völlig unerwartet käme. Wenn es in dem riesigen Land praktisch um keinen einzigen Bereich des Lebens und der Produktion gut bestellt ist, warum sollte es dann ausgerechnet bei der Seekriegsflotte besser aussehen? Aus einem Gespräch mit einem Militäringenieur:

«Die Ausrüstung unserer Streitkräfte ist einfach katastrophal. Unsere Armee würde nicht einmal so viel aushalten, wie Saddam Hussein ausgehalten hat. Man darf den jetzigen Generälen keine Kopeke geben. Denn wieviel man in solche Streitkräfte auch investiert, es ändert sich nichts zum Besseren. Ich bin 45 Jahre alt und arbeite seit 16 Jahren in geheimen militärischen Werken. Angefangen habe ich als

Laborant. Damals erlebte ich zum erstenmal, wie wir die USA ‹einholen›. Wir stellten Einzelteile für Apparate her, wie sie zehn Jahre zuvor in Amerika produziert wurden. Wir versuchten Halbleiterelemente zu finden, die es in der Sowjetunion noch nicht gab, während die Amerikaner sie natürlich längst hatten. Schließlich erarbeiteten wir in unserem Werk ein System für die Luftverteidigung, das alle Tests erfolgreich durchlief, was dazu führte, daß das ganze Land damit ausgestattet wurde. Als 1960 die Maschine von Powers abgeschossen wurde [es handelte sich um ein amerikanisches Spionageflugzeug], haben wir mit der ersten Rakete unseren eigenen Jagdflieger getroffen. Das System, das in der Theorie erfolgreich den Test bestanden hatte, erwies sich in einer Kampfsituation als völlig untauglich.

Ich habe auch auf Kamtschatka gearbeitet – dort herrscht in technischer Hinsicht ein einziges Chaos. Wenn ein Pilot nicht bereits vor dem Start alle für die Nachrichtenverbindung notwendigen Frequenzen eingestellt hat, kann er das in der Luft auf keinen Fall tun. Da kann er nicht kostbare Sekunden dafür vergeuden, mit dem Gegner in Verhandlungen zu treten. Er muß die ganze Zeit Funkverbindung mit dem Boden haben – hören und sprechen. Ständig.»

Natürlich muß man Spezialist sein, um ein endgültiges Urteil über die Professionalität der Armee abzugeben, über die Qualität ihrer Ausrüstung. Das ist nicht die Aufgabe unseres Buches. Doch sollte man auf die Meinung derer hören, die den Zustand der Armee von innen kennen.

Doch zurück ins Jahr 1983.

Wie die Militärs bestätigen, befanden sich 1982 und 1983 alle Luftverteidigungssysteme im Militärbezirk Fernost in ständiger Gefechtsbereitschaft. Die Piloten sagen, es habe praktisch ein nicht erklärter Luftkrieg geherrscht. 1982 verletzten amerikanische Militärflugzeuge fünfmal den sowjetischen Luftraum, bis September 1983 hatte es bereits zehn solcher Verletzungen gegeben.

Die ernstesten Folgen hatte die Verletzung der sowjetischen Grenze am 4. April 1983, als Militärflugzeuge der USA, die von den Flugzeugträgern «Midway» und «Enterprise» gestartet waren, bei den Kurilen bis zu dreißig Kilometer weit in den Luftraum der UdSSR eindrangen, eine Scheinbombardierung durchführten und einige Anflüge auf Bodenziele unternahmen. Von seiten des russischen Militärs erfolgte keine Reaktion. Der Kommandeur der sowjetischen Jagdfliegerdivision schickte seine Jäger nicht den Grenzverletzern entgegen.

Warum nicht?

Die Zeitung *Krasnaja Swesda*, die dem Verteidigungsministerium der UdSSR unterstellt ist, veröffentlichte folgenden Dialog, der nach diesem Vorfall zwischen dem Chef des Militärbezirks Fernost, General Tretjak, und dem Kommandeur des Fliegerverbandes geführt wurde.

Tretjak: «Warum haben Sie nicht angegriffen?»

Kommandeur: «Ich wollte keinen Krieg anfangen. Ein Kampf hätte sich zu einem militärischen Konflikt auswachsen können, den zu entfesseln ich keine Vollmachten hatte.»

Tretjak: «Wäre an Ihrer Stelle ein Frontkämpfer gewesen, hätte er unverzüglich Jagdflieger losgeschickt, um die Amerikaner abzufangen. Sie verdienten es, abgesetzt zu werden.»

Der Kommandeur wurde nicht abgesetzt, offensichtlich hatte er noch andere Argumente in petto. Aber er bekam eine strenge Verwarnung vom Verteidigungsminister; alle Offiziere der Luftverteidigung und der Luftstreitkräfte

Iwan M. Tretjak

wurden entsprechend instruiert. Bekanntlich schenkte auch das Staatsoberhaupt Andropow dem Vorfall besondere Beachtung. Unter diesen Umständen bildete sich im Fernen Osten eine angespannte Wachsamkeit heraus.

Obwohl es auch Militärs gab (und gibt!), die besonnen und nüchtern dachten, gewann in der Situation nach dem Eindringen der KAL 007 in den sowjetischen Luftraum die übersteigerte Wachsamkeit die Oberhand, der Impuls, in jedem einen Feind zu sehen. In dieser angespannten Zeit war der übereilte nächtliche Angriff vor allem von äußeren Faktoren bestimmt. Leider ist diese übersteigerte Wachsamkeit sehr zählebig.

Nun das Jahr 1991. Iwan Tretjak, vor sieben Jahren Chef des Militärbezirks Fernost, leitet heute die gesamte Luftverteidigung des Landes. (Auch das hat mit dem Problem der Professionalität zu tun – ein Infanteriegeneral leitet die Überwachung des Luftraums. Ob der Abschuß der KAL 007 ihm zu dieser Beförderung verholfen hat?) Wie steht er zu unserer Veröffentlichung?

«Ich habe Ihre Artikel gelesen. Sie sind recht frei geschrieben. Die Deutungen sind meines Erachtens subjektiv. Viel zu viele Vermutungen.»

«Wieviel Vermutungen, Herr General?»

«Siebzig Prozent.»

«Und was kann man als Wahrheit bezeichnen?»

«Nikolai Wassiljewitsch Ogarkow hat auf der Pressekonferenz im Herbst 1983 alle Fragen beantwortet. Da gibt es nichts hinzuzufügen und nichts zu streichen. Aber ich habe eine Gegenfrage: Wer braucht diese Untersuchung, wer steht dahinter, wer hat den Auftrag gegeben? [Das kennt man: «Für wen arbeiten Sie?»]

«Die Zeitung *Iswestija*, und das Gewissen.»

«Das bezweifle ich.»

«Iwan Moissejewitsch, eine konkrete Frage: Wurde der ‹schwarze Kasten› gefunden?»

«Ob es da einen schwarzen, grauen oder sonst noch einen Kasten gab, davon weiß ich nichts. Damit kenne ich mich [als Chef der Luftverteidigung des Landes!] nicht aus.»

«Wurden Passagiere der Boeing gefunden?»

«Nein. Ich denke, es gab gar keine. Denn sonst hätte irgendwas übrigbleiben müssen... Lesen Sie die Berichte, mit denen die japanischen und amerikanischen Wissenschaftler an die Öffentlichkeit getreten sind. Oder vergleichen Sie mit unseren Flugzeugabstürzen über dem Meer.»

«Wer hat entschieden, das Flugzeug zu vernichten?»

«Dazu bedarf es keiner besonderen Anweisungen. Jeder

Kommandeur kann in seinem Verantwortungsbereich eine derartige Entscheidung treffen. Denn mit Moskau zu telefonieren und sich abzusprechen, kostet viel zu viel Zeit. Vor kurzem haben die Amerikaner die Flugroute im Fernen Osten begradigt, und unsere Piloten waren bereit, sich mit ihnen zu schlagen. Grenze bleibt Grenze. Keiner darf sie verletzen! Also wurde die Entscheidung an Ort und Stelle gefällt. Das ist auch bei den Amerikanern so üblich.»

«Herr General, Sie werfen uns Ungenauigkeiten und Mutmaßungen vor. Wenn es keine Dokumente gibt, muß ein Journalist selber nach Argumenten suchen. Erklären Sie bitte, was für Ungenauigkeiten Sie meinen.»

«Nun, zum Beispiel die Behauptung, Gennadi Ossipowitsch, der Pilot, der die Boeing abgeschossen hat, sei im Zusammenhang damit an einen anderen Dienstort versetzt worden. Das ist nicht wahr! Er wurde nach Plan versetzt. Auch ohne die Boeing hätte er Sachalin verlassen. Und noch eins: Sie schreiben von Orden, die angeblich an Militärs verliehen wurden. Keiner hat einen bekommen.»

Da hat der Armeegeneral auf Dutzenden von Seiten ja nicht gerade viele Ungenauigkeiten entdeckt. Und auch diese bestreiten wir. Ist es denn in der UdSSR üblich, daß Piloten im Dienstflugzeug des Oberkommandierenden zu ihrer neuen Einsatzstelle fliegen dürfen? Und von den Orden haben uns die Militärs selber erzählt.

Noch ein Versuch, mit einem hochrangigen Militär ins Gespräch zu kommen, diesmal mit Ogarkow, Marschall der UdSSR, der 1983 Chef des Generalstabs der Streitkräfte der UdSSR war. Jetzt ist er Vorsitzender des sowjetischen Komitees der Veteranen des Großen Vaterländischen Krieges.

Der sowjetische Stabschef Nikolai Ogarkow während einer
Pressekonferenz am 9. September 1983 in Moskau bei der Erläuterung
der Flugroute des KAL-Jumbos

«Die Publikationen in der *Iswestija* kenne ich. Ich habe sie
mit Interesse gelesen. Aber ich frage mich die ganze Zeit:
wozu die alten Geschichten aufrühren?»

«Nikolai Wassiljewitsch, als Chef des Generalstabs waren
Sie über alle Einzelheiten jenes Fluges informiert. Könnten
Sie heute etwas Neues darüber sagen?»

«Nicht mehr, als ich schon im September 1983 in meiner
offiziellen Stellungnahme gesagt habe. Für mich steht fest,
daß das südkoreanische Flugzeug provokative Ziele verfolgte. Es wurde von Geheimdiensten der USA gelenkt. Von
Bord des Flugzeugs wurden regelmäßig Informationen ge-
sendet.»

«Gibt es dafür Beweise?»

«Ich verfüge über keinerlei Beweise. Was soll ich auch damit? Alle Unterlagen sind bei den Amerikanern. Aber die werden Sie da nicht ranlassen. Außerdem, wozu das alles wieder aufwärmen? Sie beschreiben, wie das Flugzeug gesucht und was gefunden wurde... Aber das hat keinen Sinn. Beantworten Sie eine einzige Frage: Wie konnte das Flugzeug fünfhundert Kilometer von seinem Kurs abkommen?»

«Was meinen *Sie* dazu?»

«Ich weiß keine Antwort, ich kann nur Vermutungen anstellen. Darum werde ich nichts mehr dazu sagen. Wenden Sie sich in allen Fragen an die Amerikaner. Obwohl ich nicht glaube, daß die sich mit Ihnen unterhalten werden... Ich wünsche Ihnen Erfolg.»

Wir versuchten die Mauer des Schweigens der Generäle auch von der anderen Seite zu durchbrechen, von der der Zivilluftfahrt. Alexander Ochonski, Held der Sozialistischen Arbeit, Verdienter Pilot der UdSSR, gehörte der Kommission an, die den Abschuß der Boeing untersuchte. Jetzt ist er pensioniert. Wir riefen ihn an, um ein Treffen zu vereinbaren.

«Nein, ich werde mich nicht mit Ihnen treffen. Ich kann Ihnen nichts sagen – ich habe mich den zuständigen Organen gegenüber zum Schweigen verpflichtet.»

«Wem?»

«Den zuständigen Organen, Sie wissen schon, wen ich meine.»

«Waren Sie wirklich an der Untersuchung beteiligt?»

«Ja. Damals war ich stellvertretender Vorsitzender der staatlichen Luftüberwachung der UdSSR. Unsere Kommission hat mit der Internationalen Luftfahrt-Organisation

ICAO zusammengearbeitet. Wir haben dem Stabsquartier der ICAO in Montreal unseren Bericht geschickt. Übrigens gehörte auch der heutige stellvertretende Minister der Zivilluftfahrt Timofejew der Kommission an. Er ist heute eher befugt zu entscheiden, was man von unserer Arbeit bekanntgeben kann und was nicht.»

«Sie wissen doch, daß die Schlußfolgerungen der ICAO im Ausland veröffentlicht wurden und einer breiten Öffentlichkeit bekannt sind. So daß es also keine besonderen Geheimnisse in der Arbeit Ihrer Kommission gibt...»

«Ich wiederhole noch einmal: Ich habe mich zum Schweigen verpflichtet und werde Ihnen nichts mitteilen.»

«Aber vielleicht können Sie wenigstens unsere Artikel über die Boeing lesen?»

«Natürlich lese ich sie, wenn Sie mir die Zeitung zukommen lassen. Aber ich werde keinen Kommentar dazu abgeben. Wenden Sie sich an Timofejew.»

Wir befolgten Ochonskis Rat und wandten uns an den stellvertretenden Minister der Zivilluftfahrt. (Dieser Mann trägt auch die Generalsuniform – er ist für die Sicherheit in der Aeroflot verantwortlich. Daß er Uniform trägt, hat Tradition, denn unsere Regierung hat die Aeroflot für den Kriegsfall immer als Unterabteilung der militärischen Transportflieger betrachtet. Auch die Minister, mit Ausnahme des letzten, waren Militärflieger.)

Das Gespräch mit Timofejew dauerte nicht einmal eine Minute: «Ich habe das Flugzeug nicht abgeschossen [?!]. Ich gehörte keiner Kommission an [?!]. Ich habe also mit Ihrer Frage nichts zu tun. Und überhaupt wundere ich mich, daß Sie sich an mich wenden, ich bin kein Militär...»

So hat sich der Kreis geschlossen. Es ist uns nicht gelungen, das Schweigekomplott der Generäle aufzubrechen.

DREI

Die Spuren des
«schwarzen Kastens»

4. Februar 1991. Anruf bei mir (Andrej Illesch) in der Redaktion. «Es geht um die Boeing, aber sagen Sie mir erst mal: Wird Ihr Telefon abgehört?»

«Ich glaube, ja.» (Nach Kontakten mit Ausländern und in Moskau akkreditierten westlichen Korrespondenten kam es vor, daß mein Telefon abgeschaltet wurde, besonders häufig 1986, als ich aus Tschernobyl zurückkam und die westlichen Agenturen mich interviewen wollten. Auch heute passiert das noch gelegentlich.)

«Ich rufe morgen von einem anderen Apparat wieder an. Von diesem kann ich nichts sagen.»

5. Februar. Der Anrufer meldet sich erneut:

«Ich habe Sie gestern schon mal angerufen. Ich heiße Jewgeni. Jetzt rufe ich von einer Zelle an. Sagt Ihnen diese Bezeichnung etwas: Zentrale wissenschaftliche Forschungsbasis der Luftstreitkräfte? Nein? Notieren Sie! [Er diktiert die Adresse.] Nach meinen Informationen gab es im September 1983 unter den dortigen Offizieren und Soldaten Gespräche über den ‹schwarzen Kasten›. Eines Tages kehrten die Soldaten der Kfz-Instandhaltungskompanie erst gegen 22.00 Uhr in die Kaserne zurück statt planmäßig 20.00 Uhr.

Sie hatten einen Graben ausgehoben (was eigentlich nicht ihre Aufgabe ist) für ein Starkstromkabel zu einem der Gebäude, in dem angeblich der ‹schwarze Kasten› der Boeing untersucht werden sollte. In dieser Zeit, Mitte September bis Oktober 1983, müssen in der Basis streng geheime Arbeiten durchgeführt worden sein, denn innerhalb des Truppenteils wurden zusätzliche Wachposten aufgestellt, die die Personalpapiere prüften und von bestimmten Stellen selbst Männer mit vielen Sternen auf den Schulterklappen fernhielten, die sich einen Monat zuvor noch frei auf dem ganzen Gelände bewegen konnten. Ich sage Ihnen die Telefonnummer des Diensthabenden dieser Abteilung durch.

Inoffiziell gelangen Sie folgendermaßen dorthin: Metrostation Kusminka, dann mit dem Bus, Sie überqueren die Straße und gehen in das Viertel hinein, bis Sie den Zaun erreichen. Sie können auch bis zur Station Wychino und dann mit einem anderen Bus fahren. Jetzt noch eines. Bei den Luftstreitkräften gibt es eine Organisation unter der Codebezeichnung Redan, dort werden viele Geheimnisse aufbewahrt, die mit der Boeing zu tun haben. Die Telefonnummer der Zentrale dieser Redan... [Er diktiert.] Ich glaube, eine Begegnung mit denen ist eine ernsthafte und gefährliche Sache. Ich selbst bin seinerzeit zu Schaden gekommen, weil ich den Mund nicht halten konnte, obwohl ich nach wie vor im ‹System› arbeite. Wo sich diese Redan befindet, weiß ich nicht. Aber ich bin sicher, wenn Sie sich in der Forschungsbasis der Luftstreitkräfte mit den Jungs treffen, können die Ihnen viel über die Boeing erzählen. Dort arbeiten hochkarätige Spezialisten, sie machen wichtige Sachen, aber wie das so ist in unserem System, sie sind völlig unterversorgt und mit ihrer Lage sehr unzufrieden.

Wenn ich noch etwas herausfinde, rufe ich an.»

Kaum waren wir bei den «schwarzen Kästen» angelangt, begann der Krimi. Selbst die einfachsten Dinge, wie viele dieser Kästen es gab, ihre Abmessungen, ihre Farbe – mußten wir auf verschlungenen Wegen herausfinden und dabei vorgehen wie Miss Marple. Warum werden so simple Informationen geheimgehalten?

Weil die Geheimniskrämerei eine der dauerhaftesten Stützen eines totalitären Systems, einer totalitären Denkweise ist und bleibt. Wenn ein Geheimnis mir zugänglich ist und wenn es nur wenige wie mich gibt, liegt darin Macht. Wir brauchen Menschen, die uns und unser Geheimnis bewachen, und die übrigen haben Angst vor uns Eingeweihten.

Der Zugang zur Information ist eines der wichtigsten Attribute der Macht. Wir wissen das sehr wohl, nachdem wir so viele Jahre auf Hungerration gesetzt waren und das Maß dessen, was alle wissen durften, im ZK der Partei bestimmt wurde. Und dieses Maß war mehr als bescheiden.

Das Informationsmonopol ist in den letzten Jahren heftig erschüttert worden, und das ist wohl die wichtigste, wenn nicht die einzige Errungenschaft dessen, was wir Perestroika nennen. Indem wir uns mit dieser acht Jahre zurückliegenden Geschichte beschäftigten, haben wir gewissermaßen an den Grundpfeilern gerüttelt. In der Tat, das Geheimnis der «schwarzen Kästen» ist zugleich ein Geheimnis der Karriere einiger unserer aktiven Marschälle und Generäle. Man kann uns natürlich entgegenhalten (und man tut es), daß es sich hier um ein militärisches Geheimnis handelt. Gewiß hat jeder Staat und jede Armee das Recht auf militärische Geheimnisse, die Journalisten nicht anvertraut werden. Die Frage ist jedoch, ob etwas als militärisches Geheimnis gelten darf, was das Leben unschuldiger Zivilpersonen gekostet hat.

Ein weiterer Dialog mit dem Admiral, der unsere Arbeit «betreut»:

«Soweit ich verstehe, ist Ihre Untersuchung in die Sackgasse geraten?»

«Warum glauben Sie das?»

«Ich habe alles aufmerksam gelesen. Für mich ist offensichtlich, daß Sie keinen Schritt vorangekommen sind. Die Seeleute von der Kriegsmarine haben den ‹schwarzen Kasten› gefunden. Darüber haben Sie geschrieben und sich auf anonyme Quellen berufen. Aber was ist darin? Wo ist er?»

«Ja, die offiziellen Personen verwöhnen uns nicht. Marschall Ogarkow behauptet, es habe gar keinen ‹schwarzen Kasten› gegeben. Wie soll man das verstehen?»

«Ganz einfach! Es wurde ja alles getan, um den Zugang zur Information zu begrenzen. Ich bezweifle natürlich, daß Ogarkow von dem ‹schwarzen Kasten› nichts weiß oder daß ihm nichts darüber berichtet wurde. Aber man befürchtete das Absickern von Informationen. Kaum waren die Kästen gefunden, wurde eine Liste der Leute aufgestellt, die damit zu tun hatten, Jedem von ihnen wurde ein ‹junger Mann› beigegeben, der seinen Schutzbefohlenen keine Minute allein ließ und alle seine Kontakte kontrollierte. Dieser Personenkreis war sehr klein. Ogarkow sagt, er wüßte nichts von dem ‹schwarzen Kasten›, denn er glaubt, damit ein Staatsgeheimnis zu hüten.»

«Aber warum wird der ‹schwarze Kasten› dermaßen sekretiert? Man sollte doch meinen, es wäre nützlich für unser Land, den dechiffrierten Text der Funkgespräche der Besatzung zu veröffentlichen, dann rückt alles auf seinen Platz, dann bedarf es keiner Argumentation mehr. Warum hüten wir so eifersüchtig das Geheimnis des ‹schwarzen Kastens›?»

«Das weiß ich nicht. Ich bin auf Vermutungen angewiesen. Ich denke, Sie sollten sich an den KGB wenden.»

«Das haben wir getan. Der Chef der militärischen Spionageabwehr hat uns geantwortet, daß er nichts weiß.»

Unser Gesprächspartner lachte herzlich. «Ist das ein Wunder? Seine Arbeit ist so. Wie kann er den Gedanken zulassen, daß ein Journalist solch eine Untersuchung führt, noch dazu ohne um Erlaubnis gefragt zu haben! So weit sind wir noch nicht.»

Die Informationen über die «schwarzen Kästen» haben wir buchstäblich krümchenweise zusammengetragen, es waren viele, und sie widersprachen einander. Gleichwohl haben wir nach der Befragung zahlreicher Zeugen keinen Zweifel mehr, daß sie gefunden wurden.

Hier ein Auszug aus unserem Gespräch mit einem Kommandeur des Grenzdienstes, Kapitän zur See Petrow (Name geändert).

«Über die Maße und die Farbe der ‹schwarzen Kästen› wurde den Seegrenztruppen nichts gesagt. Wir wußten nur, daß es zwei sind. Wir Grenzer haben keine zuverlässigen Mittel, den Meeresgrund abzusuchen. Ich glaube, die ‹schwarzen Kästen› wurden von den Tauchern der ‹Mirtschink› geborgen. Mir und meinem Untergebenen hat niemand mitgeteilt, daß die Kästen gefunden wurden. Aber alle wußten das. Es muß einen Monat nach dem Ereignis gewesen sein, wahrscheinlich im Oktober. Die Taucher sind uns natürlich keine Rechenschaft schuldig, sie unterstanden wohl dem Generalstab.»

«Die Taucher wollten uns nicht sagen, daß sie es waren, die die ‹schwarzen Kästen› geborgen haben.»

«Auch ich habe Ihnen das nicht gesagt!»

«Wir haben genügend andere Informationen.»

«Ich weiß genau, daß die Kästen geborgen wurden, denn wir haben sie in Meerwasser verpackt.»

«Nicht in destilliertes Wasser?»

«Nein, in Meerwasser. Sie mußten in dem gleichen Milieu transportiert werden, in dem sie sich befunden hatten. Einige Zeit später versuchte ich, von einem Generalleutnant zu erfahren, was die Analyse der Kästen ergeben hatte, aber er blieb stumm wie ein Fisch. Bekannt war nur, daß die Kästen alles Nötige enthielten: die technischen Parameter und vielleicht sogar die letzten Gespräche des Flugkapitäns.»

Unter den zahlreichen Gerüchten über das weitere Schicksal der «schwarzen Kästen» lautete eines, es sei in unserem Land nicht gelungen, sie zu dechiffrieren, und man sei daher gezwungen gewesen, sie in den Westen zu schicken, wo der Inhalt für viel Geld dechiffriert wurde. Ein Mitarbeiter der Hauptverwaltung Aufklärung bei den Streitkräften der UdSSR wies solche Vermutungen zurück.

«Das ist frei erfunden. Es hätte keine besondere Mühe gekostet, den ‹schwarzen Kasten› der Boeing im Lande zu dechiffrieren. Technisch ist das nicht schwierig.

Was uns von der militärischen Aufklärung angeht, so hatten wir mit dem ‹schwarzen Kasten› nicht unmittelbar zu tun. Das Ganze wurde von Moskau geleitet, auf Regierungsebene. Ich weiß, daß die Moskauer Führung mit den Suchergebnissen zufrieden war. Aber die oberste Militärführung stand in dieser Situation nicht gut da. Wenn wir bei dieser ganzen Geschichte verfolgen, wer die Entscheidung, die Maschine abzuschießen, traf und wie, wird klar: Die Geschichte ist schlimmer als die Landung von Rust in Moskau. Nur darin liegt der Grund, warum weder Achromejew noch Ogarkow oder Tretjak, die leider noch immer auf hohen Posten sitzen, bereit sind, mit Ihnen zu sprechen. Darum werden Sie in dieser verworrenen Geschichte immer wieder auf weiße Flecke stoßen.»

In der Hauptsache hat dieser Aufklärer wohl recht: In den «schwarzen Kasten» hineinschauen können wir in nächster Zeit nicht. Die Militärs führen ja nicht nur uns Journalisten in die Irre. Während der umfangreichen und kostspieligen Sucharbeiten wurden zur Auffindung der «schwarzen Kästen» selbst die an der Arbeit Beteiligten falsch informiert!

Hier die Informationen, die der New Yorker *Iswestija*-Korrespondent Alexander Schalnow einem Referat des ICAO-Generalsekretärs wie auch dem Bericht der südkoreanischen Regierung entnahm:

«An Bord der Boeing 747 waren zwei schwarze Kästen. Der eine zeichnete die Bordinformationen auf, der zweite die Gespräche im Cockpit. Die Tonbänder im zweiten schwarzen Kasten reichten für eine halbe Stunde, das Band läuft endlos. Es hat also nur die letzte halbe Stunde vor der Katastrophe aufgezeichnet. Der erste ‹schwarze Kasten› hingegen hält fest, was im Verlauf von fünfundzwanzig Stunden vor der Katastrophe mit dem Flugzeug vorgeht.

Die Kästen sind gewöhnlich hellgelb oder hellorangefarben. Manchmal haben sie orangefarbene Streifen. Schwimmen können sie nicht, sie sinken sofort auf den Grund, wenn das Flugzeug ins Meer stürzt.

Der erste Kasten wiegt 12,8 und der zweite 8,2 Kilogramm. Beide sind hitzebeständig, sie halten eine halbe Stunde lang Temperaturen bis zu eintausend Grad Celsius aus.

Der erste Kasten (der die Bordinformationen wie Fluggeschwindigkeit, Flughöhe, Flugkurs, die Position der Querruder usw. festhält) hat ein batteriegespeistes akustisches System. Die Batterie reicht dreißig Tage. Das System schaltet sich ein, sobald seine Sensoren Wasserberührung haben, und strahlt dann Funksignale aus, die angepeilt werden können und die Position des ‹schwarzen Kastens› melden. Die beiden Kästen an Bord der Boeing, die über der Kleiderablage im linken Heckteil des Rumpfes neben den Toiletten eingebaut waren, hatten standardmäßig folgende Abmessungen: der erste $43,8 \times 19,3 \times 12,4$; der zweite $32 \times 12,4 \times 19,3$ Zentimeter. Die Seriennummer des ersten: 3069, des zweiten: 1397. Der Preis des ersten Kastens: vierzehntausend, des zweiten: achttausend Dollar.»

Wir haben keinen Grund, diese Informationen anzuzweifeln. Um so erstaunlicher erscheint die Eintragung im Tagebuch von Kapitän Girs, der andere Abmessungen nennt: $500 \times 250 \times 250$ und $140 \times 250 \times 250$. Und die hat er sich nicht ausgedacht, sondern von den Militärs bekommen, die dem Taucher auch auf einem Schema zeigten, wo sie sich in der Boeing befanden. War es ein Irrtum oder wurde hier etwas absichtlich durcheinandergebracht? Wie auch immer, alle waren von den «schwarzen Kästen» so eingeschüchtert, daß sie noch heute, viele Jahre später, Angst haben, sich daran zu erinnern, und wenn sie sich erinnern, dann rückversichern sie sich mit der Forderung, man möge sich nicht auf sie berufen.

Der wichtigste Aspekt in der Geschichte um die «schwarzen Kästen» ist wohl, daß sie einen Matrjoschka-Effekt sichtbar macht. Wie bei diesem russischen Spielzeug war das konkrete Geheimnis in einem mächtigen schwarzen Kasten versteckt – im System unserer Armee, und dieses wiederum in einem noch größeren, in dem Staatsaufbau als ganzem. Den Schlüssel zu dem allerletzten Kasten wird man wohl erst in die Hand bekommen, wenn die Grundmauern des totalitären Systems erschüttert sind, das sich darauf gründet, den Menschen Informationen zu verweigern und sie ständig in Angst zu halten.

Und noch etwas. Unsere (erfolglosen) Versuche, in den «schwarzen Kasten» einzudringen, haben gezeigt, daß das Geheimnis von sowjetischer Seite ebenso zuverlässig gehütet wird wie von amerikanischer Verschleierungstaktik. Das bestätigt indirekt unsere Hypothese, wonach das Geheimnis unseren wie den amerikanischen Geheimdiensten gleichermaßen kostbar ist.

In einem Bericht der Zeitschrift *World of Science* (Nr. 10 / 1988, S. 290) heißt es: «John Keppel, einer der Leiter der Untersuchung der Umstände bei Absturz der koreanischen Verkehrsmaschine, merkt an, daß die offiziellen amerikanischen Vertreter offensichtlich Informationen über den Absturz der Maschine verzerrt oder zurückgehalten haben. Keppel, der 22 Jahre lang Angestellter des State Department war, sagt, seine Beteiligung an den Bemühungen der Eisenhower-Regierung, 1960 die wahren Ziele des über der UdSSR abgeschossenen Aufklärungsflugzeugs U-2 geheimzuhalten, hätte ihn gelehrt, nicht alles zu glauben, was die Regierung sagt. Nach Keppels Meinung sollte der Kongreß den Absturz des koreanischen Flugzeugs noch einmal untersuchen. Dafür ist offenbar auch der Senator Edward M. Kennedy. Wie mitgeteilt wird, hat er sich an den Senatsausschuß für Fragen der Regierungstätigkeit gewandt und den Vorschlag unterbreitet, die Rolle der USA in dieser Tragödie zu ergründen.»

Seit sich Edward M. Kennedy an den Senat wandte, sind über zwei Jahre vergangen. Die auch von ihm unterschriebene Anfrage von vier Senatoren an Michail Gorbatschow wurde dem Adressaten Ende 1990 zugesandt.

Die Antwort der sowjetischen Führung wie der amerikanischen Regierung an die Senatoren ist Schweigen.

VIER

Die Enthüllungen eines
Ex-Aufklärers

Seit unserer Begegnung mit diesem Mann ist noch kein Monat vergangen, und doch könnten wir ihn nicht beschreiben, denn in seinem Aussehen, seinen Manieren und Gepflogenheiten ist nichts, was sich einprägt. Unauffälligkeit ist offenbar eine wichtige Voraussetzung für Leute, die daran beteiligt sind, Geheimnisse zu stricken. Unser Aufklärer (nennen wir ihn Wladimir Iwanowitsch) hat viele Jahre in der Hauptverwaltung Aufklärung beim Generalstab gearbeitet und auch im Ausland, in Deutschland, Dienst getan. Jetzt ist er Mitarbeiter eines der wissenschaftlichen Forschungsinstitute, von denen wir wissen, daß ihre Kader sich hauptsächlich aus Mitarbeitern des KGB und der Aufklärung rekrutieren. Dazu gehören das Europa-Institut oder das Institut für die USA und Kanada. In seiner Freizeit studiert der einstige Aufklärer Parapsychologie und andere geheimnisvolle Phänomene. Wir aber interessierten uns mehr für irdische als für kosmische Geheimnisse.

«1983, in der Zeit der Ereignisse um den Abschuß der koreanischen Passagiermaschine über Sachalin, arbeitete ich im Informationsdienst der Hauptverwaltung Aufklärung beim Generalstab. Dieser Dienst stellte täglich Sonderberichte

zusammen, zusammengefaßte Meldungen über die militärpolitische Weltlage. Die Berichte wurden an die höchste militärische und politische Führung geschickt, vor allem an
den Generalsekretär und die Mitglieder des Politbüros. Sie
liefen über das Sekretariat und wurden vom Verteidigungsminister und vom Chef des Generalstabs unterschrieben.
Außerdem gingen sie an den Verteidigungsminister, seine
Stellvertreter, die Befehlshaber der verschiedenen bewaff-
neten Kräfte und an eine Reihe von ranghohen Führern.

Zu meinen Pflichten als Analytiker gehörte es, alle Dokumente im Zeitraum von 24 Stunden zu lesen. Unsere Arbeit
nach dem Abschuß der KAL 007 schloß auch sämtliche Peri-
petien um diesen internationalen Skandal ein. Wir fertigten
jeden Tag Schemata an, die die Position der sowjetischen
und der amerikanischen Kriegsschiffe zeigten und deren
wechselseitige Behinderungen schilderten. Die Berichte
enthielten auch die Desinformationen, mit denen wir die
Amerikaner versorgten. Natürlich auch deren Aktionen zur
Behinderung der Arbeit unserer Taucher und Tauchgeräte.»

«Wo werden diese Dokumente heute aufbewahrt?»

«Sie müssen im Archiv der Hauptabteilung Aufklärung
liegen, und wenn das Verteidigungsministerium es als notwendig und wünschenwert ansieht, können alle Ereignisse
dokumentarisch belegt werden.»

«Wie oft und wie eingehend hat die Aufklärung das Politbüro mit Informationen versorgt?»

«Informationen über die Boeing wurden nicht täglich geliefert. Das Politbüro bekam Informationen nur, wenn sie
sehr wichtig waren und sich im Kräfteverhältnis etwas geändert hatte.»

«War der Informationsdienst verpflichtet, alle Verletzungen des Luftraums der UdSSR festzuhalten und in seinen
Dokumenten darzustellen?»

«Ja. Der Mechanismus bei der KAL 007-Geschichte war folgender: die Diensthabenden der Pazifikflotte meldeten von Fernost über die Sonderleitung das außergewöhnliche Vorkommnis. Ich erinnere mich nicht mehr genau, welches die erste Meldung war – daß das Flugzeug die Grenze verletzt hatte oder daß es schon von unserem Jäger abgeschossen war. Aber wenn ich danach gehe, wie sich die Ereignisse später entwickelten, wurden die Meldungen mit großer Verspätung weitergegeben. Darum nehme ich an, daß der Informationsdienst die Angaben erst post faktum erhalten hat.»

«Wladimir Iwanowitsch, versuchen wir, die Kette der Funksprüche in der Nacht vom 31. August zum 1. September zu verfolgen. Also, Moskau – Chabarowsk – Jushno-Sachalinsk. Wir möchten begreifen, auf welcher Ebene die Entscheidung über die Vernichtung der Passagiermaschine getroffen wurde. Kann diese Kette so ausgesehen haben: Ossipowitsch in der Luft – sein Kommandeur Kornukow, der später Generalleutnant wurde, in der Befehlsstelle des Flugplatzes Sokol auf Sachalin – Tretjak, Chef des Militärbezirks Fernost, in Chabarowsk – dann weiter [umstrittene Kettenglieder] Marschall Ogarkow und am Ende der Kette der Minister, Politbüromitglied Ustinow? Das heißt: Konnte der Verteidigungsminister von diesem außergewöhnlichen Vorkommnis schon während des Fluges wissen? Wurde die Entscheidung auf so hoher Ebene gefällt?»

«Sie verlangen zuviel, auf meinem Posten kann ich das nicht so genau wissen. Die Informationen, die an den Informationsdienst der Hauptverwaltung geliefert werden, kommen aus den entsprechenden Stäben oder von den Organen der Aufklärung. Außerdem gibt es noch ein ganzes Netz von Verbindungskanälen und Informationssträngen, die unabhängig handeln. Darum, und davon bin ich überzeugt,

mußte die wichtigste Information über den Nachrichten-
strang der Luftverteidigung gehen. Das gilt für den ersten
Moment. Der Informationsdienst erhielt die Meldung mit
ziemlicher Sicherheit erst nach dem Abschuß. An der Entscheidung hat die Hauptverwaltung Aufklärung keinen Anteil. Sie hält das Faktum fest, analysiert es, prüft es und
meldet es nach oben. Die Kanäle der Entscheidungsfindung
sind ganz andere, unabhängig von der Hauptverwaltung.
Aber aus eigener Erfahrung kann ich sagen: In diesem Falle
konnte die Entscheidung sogar unterhalb der Ebene Tretjaks
fallen. Das ist durchaus möglich.»

«Es gibt aber auch eine andere Meinung: Es wurde eine
militärpolitische Entscheidung getroffen. Wie ist sie begründet? Das Ganze hat viel zu lange gedauert, Ossipowitschs Angriff wurde dreimal abgeblasen. Also muß anfangs jemand entschieden haben: abschießen. Danach
wurde beraten und der Befehl zurückgenommen. Wieder
entschieden, wieder zurückgenommen...»

«Wieder aus meiner Erfahrung: Wenn es sich um die
Grenzverletzung eines einzigen Flugzeugs handelt, muß
nicht unbedingt mitten in der Nacht die oberste Moskauer
Führung alarmiert werden. Die Diensthabenden riskieren
einen solchen Schritt oft nicht, denn die Antwort könnte ein
Anschnauzer sein, nach dem der Offizier seines Lebens
nicht mehr froh wird: ‹Handeln Sie selbständig, Sie haben
Ihre Instruktionen!› – so könnte die höchste Antwort lau-
ten. Ich kann natürlich nicht ausschließen, daß man die
Führung informiert hat, aber ich wiederhole: Die Entscheidung ist höchstwahrscheinlich auf der Ebene des Chefs des
Militärbezirks oder der Pazifikflotte gefallen. Weiter oben
kaum.»

«Trotzdem haben Sie noch nicht alle unsere Zweifel zer-
streut. Bei dieser Geschichte ist soviel gelogen worden!

Dazu gehört die Lüge, bis zum letzten Moment habe niemand gewußt, daß die Boeing ein Zivilflugzeug war. Piloten, auch Militärflieger, behaupten einstimmig: Ein solches Ungetüm wie die Boeing ist unmöglich mit einer Militärmaschine zu verwechseln. Wenn wir das im Kopf haben, läßt sich denken, was für eine Panik herrschte; und diese Panik kann durchaus bis nach Moskau gewirkt haben, denn wer übernimmt schon die Verantwortung für den Befehl, ein Passagierflugzeug zu beschießen?»

«Lassen Sie uns logisch überlegen. Erstens: Ich sehe keinen Grund, die Annahme zu verwerfen, daß die Boeing mit Aufklärungstechnik ausgestattet und als Passagierflugzeug getarnt war. Deshalb konnte Ossipowitsch nach den äußeren Merkmalen nicht genau feststellen, ob es ein Zivil- oder ein Aufklärungsflugzeug war. Ich finde, unser Pilot hat sehr exakt gehandelt. Zweitens: Stellen Sie sich die Umstände dort vor: Unsere Jagdmaschine war mehrere Male auf das Flugzeug angesetzt worden. Dabei hat die Boeing keinerlei Manöver unternommen, sie flog stur geradeaus. Unsere erfahrenen Piloten, speziell für Aktionen in kritischen Fällen geschult und gedrillt, konnten sie nicht abfangen. Dies zeigt vor allem das Niveau des gesamten Verteidigungskomplexes, nicht nur der Piloten, sondern auch der Bodendienste, die den Piloten zum Ziel leiten sollten. Also, das Abfangen hat einmal nicht geklappt, noch einmal nicht geklappt, und der Grenzverletzer war kurz davor, die Verantwortungszone unserer Luftverteidigung zu verlassen. Was sollte der Befehlshaber tun, dem gemeldet worden war: Das Ziel bewegt sich, es hat bereits ungehindert mehrere Militärbezirke durchflogen? Was würde er von oben zu hören bekommen? Was für Kommissionen hatte er zu erwarten? Und wie würden sie seine Handlungsweise einschätzen? Wieder einmal entkommen lassen! Wieder einmal verpatzt! Was für ein Ziel das war, wußte niemand. Es flog frech durch unseren Luftraum. Verstehen Sie doch: Entschieden werden mußte sofort, in gezählten Minuten, um das Flugzeug noch zu erwischen. Ein Hin und Her gab es zweifellos, denn der Schießbefehl wurde mehrmals abgeblasen. Hinzu kommt, daß den Piloten natürlich das Jagdfieber packte: einholen, vernichten! Ohne Befehl das Feuer eröffnen konnte er freilich nicht.»

«Nach dem Bericht von Oberst Ossipowitsch zu urteilen, hat er den letzten Befehl von seinem unmittelbaren Vorgesetzten erhalten, von Kornukow.»

«Ein Pilot in der Luft kann nicht wissen, wer konkret ihm befiehlt, das Ziel zu vernichten.»

«Wie behandeln die Unterlagen der Hauptverwaltung Aufklärung die Seeoperation, die Arbeit der Taucher, die Absicherung des Militärs usw.?»

«In der ersten Zeit habe ich mit Interesse verfolgt, wie die Sucharbeit verlief. Dann ließ mein Interesse nach, das Ganze war zu banal. Dennoch habe ich mir von Zeit zu Zeit angesehen, was für Schemata gezeichnet und was für Fakten nach oben gemeldet wurden. Zwei oder drei Wochen später kam die Meldung, der ‹schwarze Kasten›, vielmehr: zwei Kästen seien gefunden worden. In unserem Bericht hieß es, sie seien in einem Container mit Meerwasser nach Moskau gebracht worden. Danach haben wir dieses Problem überhaupt nicht mehr verfolgt. Vielleicht gab es noch ein paar Berichte darüber, was für Aktionen dort unternommen wurden, um die Amerikaner in die Irre zu führen. Die Kästen wurden nach Angaben der Hauptverwaltung Aufklärung in eine der Moskauer Forschungsbasen der Luftstreitkräfte gebracht. In welche, weiß ich nicht.

Die Fortsetzung dieser Tragödie bedarf zusätzlicher Analyse, zusätzlicher Überlegungen und Faktenvergleiche.

Erinnern wir uns: Die intensive antisowjetische Kampagne dauerte anderthalb bis zwei Monate, dann schlief sie ein. Man muß die Fakten analysieren und Nuancen der politischen Ereignisse bedenken, die die Situation beeinflußt haben können.»

«Was meinen Sie konkret?»

«Nehmen wir diese interessante Tatsache. In der Nacht [25. Oktober 1983], in der die Amerikaner Grenada angriffen, wurde unser Verteidigungsminister über den heißen Draht, der damals schon funktionierte, vom Verteidigungsminister der USA angerufen und informiert: Die Amerikaner führen eine Befreiungsaktion für ihre Landsleute auf Grenada durch. Eigentlich ist es ja Sache der Aufklärung, solche Operationen vorher auszukundschaften. Aber unsere Aufklärung hatte hierzu Informationen geliefert, die keinen Alarm auslösten: Aus den Marinestützpunkten an der Ostküste der USA ist ein Flugzeugträgerverband ausgelaufen, doch der nimmt nicht Kurs auf Grenada, sondern löst den Verband ab, der zur 6. Mittelmeerflotte gehört. Diese Ablösung sei Routinesache, glaubte man bei uns in der Aufklärung. Später stellte sich freilich heraus, daß der Verband den Kurs geändert und unter Funkstille Kurs auf Grenada genommen hat. Auf dem Kurs, den er eigentlich hätte nehmen sollen, fuhren nur ein paar Schiffe, die mit vorgetäuschtem Funkverkehr die Bewegung eines Marineverbands imitierten. Die Aufklärung operiert in solchen Situationen mit Satelliten und Funküberwachung. Sie konnte also nicht feststellen, daß es sich nicht um einen Flugzeugträgerverband, sondern nur um einen kleinen Konvoi handelte. Teilweise auch deshalb, weil nicht genug Kräfte und Mittel vorhanden waren. Kurz und gut, ein Patzer. Der amerikanische Verband lief Grenada an.»

«Entschuldigen Sie, Wladimir Iwanowitsch, aber noch ist

der Zusammenhang zwischen der Vernichtung der Boeing über Sachalin, der antisowjetischen Kampagne in den USA und der Landung von Marineinfanterie auf Grenada nicht ersichtlich.»

«Nicht so eilig, wir wollten doch überlegen. Das Interessante ist, daß Verteidigungsminister Ustinow noch in derselben Nacht den Informationsdienst der Aufklärung anrief und befahl, in den nächsten Tagesbericht über die militärpolitische Lage (den wir an das Politbüro zu übermitteln hatten) den amerikanischen Angriff auf Grenada aufzunehmen. Die amerikanische Militäroperation war nicht von der Aufklärung aufgedeckt worden, sondern die Information kam vom eigenen Vorgesetzten – ein ganz außergewöhnlicher Fall! So etwas hat es nach meiner Erinnerung sonst nie gegeben. Alles weitere sind Vermutungen. Aber ich kann nicht ausschließen, daß wir im Zusammenhang mit der Boeing Dinge aufgedeckt haben, die auf eine unredliche Handlungsweise der Amerikaner hindeuten. Wenn wir dieses Argument gelten lassen, wird eine Hypothese denkbar: Unsere Machthaber haben mit der amerikanischen Seite irgendeine Absprache getroffen über den Fortgang der Ereignisse um Grenada und die Boeing: Wir stellen die antiamerikanische Propaganda ein, und die Amerikaner tun das gleiche im Zusammenhang mit der Boeing.»

«Aber die amerikanische Presse läßt sich nicht so leicht das Maul stopfen.»

«Ich bin nicht ganz dieser Ansicht, denn die amerikanische Pressekampagne wegen der Boeing war ein Ergebnis der politischen Umstände und der allgemeinen politischen Zielrichtung. Und wenn eine heiße Sache sich erschöpft hat, soll man dann noch Wirbel darum machen?»

«War eine solche Absprache nur über das Außenministerium möglich?»

«Durchaus nicht, es gibt genügend Kanäle. Es konnte direkte Kontakte zwischen den Militärs geben (nicht unbedingt in den USA). Das konnte in Europa sein, es gibt Militärvertreter bei der UNO, es gibt die Militärattachés...»

«Konnte solch ein ‹Konsens› ohne Kontrolle der Regierung arrangiert werden?»

«Durchaus. Ich wiederhole, es gibt dafür Kanäle. Viele Kanäle! KGB, Aufklärung, Außenministerium, Außenhandel – soviel Sie wollen. Schließlich gibt es auch noch Privatkontakte.»

«Unsere Redaktion hat Briefe geschrieben an den KGB, das Verteidigungsministerium, das Außenministerium – mit der Bitte, uns amtliche Dokumente zur Untersuchung

Marschall Dmitri F. Ustinow (1908–1984), seit 1976 Verteidigungsminister der UdSSR und Mitglied des Politbüros

des Boeing-Abschusses zu geben. Ob diese Behörden solche Dokumente besitzen?»

«Ich bin davon überzeugt.»

«Aber Generalleutnant Karbainow, Chef der Öffentlichkeitsarbeit beim KGB, hat unsere Redaktion angerufen und mitgeteilt, der KGB besitze keine Dokumente über den Abschuß.»

«In den dortigen Archiven sind ganz sicher die nötigen Materialien vorhanden. Der KGB läßt genau solche Tagesberichte anfertigen wie die Aufklärung. Das macht der dortige Informationsdienst. Auch das Außenministerium hat solche Dokumente, vielleicht in anderer Darstellung, von anderem Umfang, aber es hat sie.»

«Hinterher hat dann auch jede dieser Behörden einen eigenen Abschlußbericht erstellt?»

«Ja. Außerdem muß es Unterlagen von der Arbeitsgruppe Fernost geben, die bestimmt ebenfalls in den Bericht eingegangen sind. Wo sie aufbewahrt werden? Ich denke mir, in den Archiven des Verteidigungsministeriums. Es ist strenge Vorschrift, solche Dokumente für die Zukunft aufzubewahren. Aber warum zeigt man sie Ihnen nicht? Was fürchtet man, was will man geheimhalten? Weshalb sind Dokumente überhaupt geheim? Häufig nicht einmal, weil Behörden ihre Arbeitsmethoden verbergen, sondern weil sie nicht offenbaren wollen, wie schwach wir sind. Darum bemühen sie sich, mit dem Stempel ‹geheim› ihre Schwächen zu tarnen.»

«Es ist also schlicht eine Tradition, Journalisten nichts zu zeigen?»

«Wenn etwas mit ‹geheim› oder ‹streng geheim› gestempelt ist, kommt es auf das Verfahren an, wie ein solcher Stempel aufgehoben wird. Dafür muß jemand persönlich die Verantwortung übernehmen. Und jeder will schließlich

Karriere machen. Da muß man schon ganz nach oben gehen.»

«Wir haben unseren Brief an Verteidigungsminister Jasow adressiert.»

«Jasow könnte das natürlich tun. Andererseits fürchtet seine Behörde möglicherweise den Präzedenzfall: Was denn, Berichte der Aufklärung veröffentlichen?»

«Gut, es müssen ja nicht Berichte der Aufklärung sein, aber weshalb macht man die Arbeitsergebnisse der Bilanzkommission nicht der Öffentlichkeit zugänglich?»

«Das ist etwas anderes. Den ‹schwarzen Kasten› hat sich offenbar das Verteidigungsministerium unter den Nagel gerissen, aber die Konkurrenz ist in solchen Fällen immer sehr stark. Ich weiß noch, wie ich einmal bei einer solchen Geschichte mitarbeiten mußte. Damals hatte eine Zivilbehörde ein Musterstück amerikanischer Militärtechnik erbeutet, und das wurde vom Verteidigungsministerium und vom KGB beansprucht. Als es darum ging, dieses Stück zu bekommen, hatte ich als Vertreter des Verteidigungsministeriums Reibereien mit dem KGB, da ich verhindern mußte, daß er dieses Stück bekam. Im Falle des Boeing-Abschusses kann es durchaus sein, daß der KGB versucht hat, den ‹schwarzen Kasten› in die Hände zu bekommen. Aber mit dem hat sich das Verteidigungsministerium befaßt, denn es besitzt entsprechende Institute und genügend kompetente Spezialisten, um den Kasten zu öffnen und die Aufzeichnungen gründlich zu studieren.»

«Aber am KGB kann man nicht vorbei. Ich habe gehört, daß ein Teil der Funde gleich in die Gebietsverwaltung des Sachaliner KGB gebracht wurde.»

«Sie haben recht, die Rolle des KGB darf man nicht unterschätzen. Unsere Berichte von der Hauptverwaltung Aufklärung werden immer von einem Vertreter des KGB durchgesehen, der seiner Führung mitteilt, was die Aufklärung berichtet.»

Unser Gespräch endete sehr sonderbar – der ehemalige Aufklärer bot uns an, die übersinnlichen Kräfte seiner Bekannten zu nutzen und mit Hilfe von Zeitungspublikationen (!) und -fotos festzustellen, ob in dem Flugzeug Passagiere gewesen waren. Nachdem wir ihn hinausbegleitet hatten, sprachen wir lange über den unerwarteten Wechsel in seiner Weltanschauung (er ist natürlich Parteimitglied). Vielleicht war unser Aufklärer im vorgerückten Alter an Geheimlehren und Zauberer geraten, weil er beruflich an der Schaffung von Mystifikationen beteiligt gewesen war, wie sie das Leben unserer ganzen Gesellschaft begleiten . . .

Was konnten wir dem Gespräch mit diesem ungewöhnlichen Informanten entnehmen? Einerseits hatte er nur die Umstände bestätigt, die wir schon kannten, vor allem die Tatsache, daß an Ereignissen dieser Größenordnung in unserem Land immer das Zentralkomitee beteiligt war. Der Verteidigungsminister war immer Mitglied des Politbüros, Marschallsterne auf Schulterklappen brachten ihren Besitzer immer ins ZK der KPdSU; Parteiapparat und KGB waren zusammengewachsen, besonders in den damaligen Jahren, denn Andropow war Chef dieser allmächtigen Organisation gewesen, und die Aufklärung diente diesem erlauchten Gremium. Diesen Machtmechanismus haben wir noch vor kurzem als ganz natürlich empfunden. Unser Aufklärer hatte uns nichts grundsätzlich Neues mitgeteilt, uns allenfalls den Mechanismus aufgezeigt, wie die obersten Schichten der Macht mit Informationen versorgt wurden.

Was den Vorfall selbst betrifft, so hatte «Wladimir Iwanowitsch» unaufdringlich versucht, in unseren Augen die offizielle Version zu rechtfertigen, die Boeing sei ein Aufklärungsflugzeug gewesen, das der Pilot nicht als Passagiermaschine identifizieren konnte, und selbst wenn er es identifiziert hätte, wäre durchaus wahrscheinlich gewesen, daß es keine Passagiere an Bord hatte, sondern mit entsprechenden Apparaten ausgerüstet war. Außerdem hatte uns der Mann zu überzeugen versucht, die Entscheidung, die Maschine zu vernichten, sei an Ort und Stelle getroffen worden, von dem nächststationierten General. Diese beiden Positionen legen die Vermutung nahe, daß der Aufklärer auch als unser Gast nicht nur ein Interview gab und zu Mittag speiste, sondern sein Gehalt in der entsprechenden Behörde abarbeitete. War unser Gespräch also reine Zeitverschwendung? Überstürzen wir die Antwort nicht, sondern befolgen wir den Rat des ehemaligen Aufklärungsanalytikers und analysieren wir das Gehörte.

Die Version von einer Absprache gewisser Kräfte der UdSSR und der USA war uns bei verschiedenen Gesprächspartnern schon begegnet. Auch unser Aufklärer entwickelte diesen Gedanken, indem er die Ereignisse um die Boeing mit dem amerikanischen Angriff auf Grenada in Verbindung brachte: Die lautstarke antisowjetische Kampagne sei im Tausch gegen das Schweigen über die Panne unserer Aufklärung eingestellt worden. Diese Mutmaßung überhaupt zu erörtern wäre unseriös gewesen. Eine Panne des militärischen Gegners, und das war die Sowjetarmee mitsamt unserer Aufklärung damals für die amerikanischen Streitkräfte, ist viel zu vorteilhaft, um darum zu feilschen. Natürlich wissen die Militärexperten in Amerika und Japan, wie schlecht unsere Armee mit Technik versorgt ist. Aber sie ziehen es vor, das nicht an die große Glocke zu hängen, es ist ja vorteilhafter, die Armee der anderen Seite als stark und mächtig hinzustellen.

Marschall Sergej F. Achromejew, später ranghöchster Militärberater Michail Gorbatschows. Er nahm sich im August 1991, unmittelbar nach dem gescheiterten Putsch, das Leben.

Aber der Anruf eines Verteidigungsministers bei einem anderen, das ist wohl die wertvollste Information aus unserem dreistündigen Gespräch mit dem Aufklärer. Dieses Telefonat führt uns zu der Schlüsselfrage jedweder Untersuchung: Cui bono? Wem nützt es?

Und noch ein Argument, das zu verstehen hilft: Ein Geheimnis wird nicht dann eifersüchtig gehütet, wenn es Stärke in sich birgt, sondern wenn es Schwäche zudeckt.

FÜNF

Cui bono?

Die Idee von einer möglichen Absprache der beiden Super-
mächte erschien uns zunächst vielversprechend, denn sie
gab unserer Arbeit die Spannung eines Kriminalfalls und
verhieß ein ungewöhnliches Ende. Aber je länger man über
ein tragisches Ereignis und das Schicksal der darin verwik-
kelten Menschen nachdenkt, desto weniger attraktiv wird
ein solches Finale: Es ist ein Köder für Naive. Tatsächlich,
wären wir darauf hereingefallen, so wären wir von den täg-
lichen und realen irdischen Problemen abgekommen, nämlich den Wechselbeziehungen von Menschen und Staaten.
Selbst wenn unter dem Deckmantel der Namen dieser Staaten irgendwelche vielleicht sogar verantwortlichen Leute
eine inoffizielle Absprache getroffen hätten, könnte dies
doch nichts anderes sein als ein Spiegelbild der Beziehungen
und Konfrontationen zwischen Menschen, und sie sind zu
allen Zeiten wichtiger und mächtiger als beliebige «geheimnisvolle Kräfte».

Also, die Hauptfrage in jedem Konflikt: Wem nützt es?
Um darauf zu antworten, müssen wir uns auf die Umstände
besinnen, unter denen das Sowjetland 1983 lebte.

Im September 1983 hatte Juri Andropow, Generalsekretär der KPdSU (seit November 1982), Vorsitzender des Prä-
sidiums des Obersten Sowjets der UdSSR, Vorsitzender des

Verteidigungsrates der UdSSR (seit Juni 1983) und Armeegeneral, noch ein halbes Jahr zu leben. Sein Schicksal war es,
das gigantische Land nur anderthalb Jahre lang zu führen.
Dennoch ist er uns als bemerkenswerte, wenngleich widersprüchliche Figur in Erinnerung geblieben. Heute sieht es
freilich so aus, als ob diese Widersprüche mehr in uns selbst
lagen und in bedeutendem Maße Andropow zugeschrieben
wurden, während Zweifel und Schwankungen wahrscheinlich nicht seine Sache waren. In unserer Untersuchung hat
ein politisches Porträt Andropows natürlich keinen Platz,
aber wenigstens eine Skizze brauchen wir.

Der Andropow-Mythos bildete sich schon in den ersten

Juri Andropow

Tagen seines Auftretens auf der politischen Bühne heraus. Bis Mitte 1982 stand er im Schatten und plakatierte seine Ansichten nicht, wie es sich für den Vorsitzenden des Komitees für Staatssicherheit gehört. Unter ihm wurde diese gigantische Organisation so mächtig wie zuvor nur in der Zeit Stalins. Es gelang Andropow, die Aufgaben des KGB neu zu ordnen und den Status dieser gefährlichen Organisation auf das frühere Niveau anzuheben; die Autorität des KGB war ja durch die Willkür Chruschtschows untergraben worden.

Unter Breshnew verstand es Andropow, die Kader des KGB zu verstärken, er schuf landesweit ein gigantisches Informationsnetz und setzte durch, daß niemand seine Nase in die Angelegenheiten des KGB zu stecken hatte. Kurzum, er sammelte eine nie dagewesene Macht, auf die er sich später stützen konnte. Als Breshnew starb, gab es im Land keinen Menschen, der über den Zerfall der Wirtschaft und über die Korruption bis in die obersten Etagen der Macht besser Bescheid gewußt hätte als Juri Andropow. Als Oberhaupt einer militärischen Geheimorganisation (von der übrigens Andrej Sacharow seinerzeit sagte, der KGB sei die einzige Organisation im Land, die nicht von Korruption und Fäulnis betroffen sei – leider ein Irrtum) sah Andropow die einzige Methode zur Bekämpfung der Sünden des sozialistischen Systems darin, mit starker Hand Ordnung zu schaffen.

Mit Aufrufen zur Verschärfung, zur Stärkung der Disziplin begann er seine ersten programmatischen Auftritte. Aber in der mittleren Intelligenz entstand Verwirrung und Hoffnung durch einen anderen Ausspruch in einer der ersten Parteiveranstaltungen, die er als neuer Generalsekretär leitete. Aufrufe zur Disziplin waren schon unter Breshnew ein Gemeinplatz gewesen, den man an den Ohren vorbeirauschen ließ; wer konnte schon wissen, daß Andropow sie ernst meinte?

KGB-Hauptquartier in Moskau

Andropow sagte damals: «Wir kennen die Gesellschaft schlecht, die wir gebaut haben.» Von nun an galt er als Liberaler (er verstand ja etwas von Jazzmusik und schrieb Gedichte!) und als Philosoph (er hegte ja Zweifel!). Niemandem kam in den Sinn, wie jesuitisch dieser Satz war, denn wenn überhaupt einer wußte, was für eine Gesellschaft gebaut worden war, dann er! Aber er hat vielleicht wirklich geglaubt, daß sich die Fehler und Schwachstellen des Systems durch ein strengeres Regime bessern ließen, und ging ans Werk.

Im ganzen Land setzte eine Verfolgung friedlicher Bürger ein. In Dampfbädern, Kinos, Läden griffen Ordnungshüter Menschen auf und verlangten eine Erklärung, warum sie während der Arbeitszeit «frei herumliefen». Diese Verfolgungen dauerten nicht lange, einen oder zwei Monate vielleicht, aber sie waren eine schlimme Erniedrigung und Beleidigung für das Volk. Im übrigen brachte kaum jemand diese rechtswidrige Idee mit ihrem wahren Urheber Andropow in Verbindung. Die Menschen wollten glauben, daß irgendwelche Idioten Andropows gute Absichten durch extreme Maßnahmen kompromittierten. In Wirklichkeit war damals schon klar, daß der «liberale» Andropow im Volk nur eine Herde sah, die sich der Überwachung entzogen hatte und die man mit der Peitsche des weisen Hirten auf den richtigen Weg zurückbringen konnte und mußte.

In den Beziehungen zu anderen Staaten herrschten die gleiche Taktik und Politik. Bei scheinbarer Liberalisierung, genauer gesagt, bei der Illusion einer gewissen Liberalisierung erreichte die ideologische Konfrontation unter Andropow (wie nie unter Breshnew) eine unwahrscheinliche Härte. Innerhalb des Landes versuchte Andropow, das kommunistische Ideal zu erneuern, das durch allgemeinen Diebstahl, durch Korruption und Vetternwirtschaft verdorben war. Die Methode ist bekannt – verschärfte Disziplin.

In der Außenpolitik wurde der Gegensatz von «imperialistischem Aggressor», der untergehen müsse, und dem Block der sozialistischen Länder, der die besten Plätze in der lichten Zukunft beanspruchte, schärfer herausgestellt. Die Verschärfung der Spannungen wurde von internationalen Umständen diktiert: Krieg in Afghanistan, erneute Drehungen der Rüstungsspirale, die Wiederkehr des Kalten Krieges.

Die Ereignisse im fernöstlichen Luftraum (vor dem Boeing-Abschuß) und auf den Meeren des Fernen Ostens (Militärmanöver der Flotten der fernöstlichen Länder und der amerikanischen Kriegsflotte) waren nur Episoden in einem größeren innen- und außenpolitischen Kontext. (Daraus ergab sich auch das unter unmittelbarer Beteiligung Andropows verabschiedete Grenzgesetz, das Klarheit in den Wirrwarr der zahlreichen Instruktionen brachte.) In diesem Kontext gestaltete sich das Schicksal des in unseren Luftraum eingedrungenen Flugzeugs. Dabei ist es vorerst nicht von Belang, ob es ein Spion oder wirklich ein Irrläufer war – sein Schicksal war besiegelt, es mußte zerstört werden.

Unser Dossier enthält viele indirekte Bestätigungen, daß Juri Andropow nach dem Abschuß der südkoreanischen Boeing unmittelbar mit dem Geschehen zu tun hatte. Hohe Militärs bezeugen, daß Andropow mit dem Abschuß entsprechend dem neuen Grenzgesetz zufrieden war. Es ist jetzt natürlich kaum dokumentarisch zu belegen, ob er am Schießbefehl für den Piloten direkt beteiligt war oder ob er erst von der vollendeten Tatsache informiert wurde. (In solchen Fällen gibt es keine Dokumente, die Fragen werden über interne Telefonleitungen entschieden, und das zumeist durch Intonation, durch Andeutung, nicht aber durch direkte Anordnung). Wichtig ist, daß dieser Ausgang völlig der Innen- und Außenpolitik des neuen Staatsoberhaupts entsprach: Nur der Abschuß der Maschine (ob Passagiere darin waren oder nicht, bewegte niemanden) entsprach der Verschärfungspolitik, der Verherrlichung der Disziplin im schäbigsten Kasernensinne des Wortes.

Bei der Intelligenz gab es in der fraglichen Zeit Gerüchte, wonach Andropow von den Generälen beeinflußt worden sei; sie hätten es als günstig betrachtet, den liberalen Generalsekretär vor aller Welt als Mörder und Barbaren hinzustellen. Ohne Generäle, wer weiß, hätten wir vielleicht mit den Amerikanern Gespräche über die Menschenrechte aufgenommen und wären nicht als «Reich des Bösen» verschrien worden.

Eine naive Sicht! Wenn Juri Andropow, langjähriger Chef

des KGB, etwas verachtete, waren es die Menschenrechte und wir, die Anspruch darauf erhoben. Er gehörte zu der Sorte Menschen, die nicht anders denken kann und es anderen verbietet. Schon als Chef des KGB schickte er Andrej Sacharow in die Verbannung. Als Generalsekretär verschärfte er die Verfolgung Andersdenkender, und die Fünfte Verwaltung des KGB, die sich mit der Dissidentenhatz befaßt, bekam alle Hände voll zu tun.

Juri Andropow, der unsere kranke Gesellschaft mit starker Hand bessern wollte, stützte sich auf die Allmacht des KGB und trat zur Entscheidungsschlacht gegen den ideologischen Gegner an. Für ihn, für seine Politik und Propaganda war der Absturz der südkoreanischen Boeing vorteilhaft. Sein Handeln und Denken vollzog sich in einem zweidimensionalen Koordinatensystem, in dem es nur die Gegensätze Imperialismus – Sozialismus, für uns – gegen uns, Freund – Feind gab! Und keinerlei Kompromisse. In diesem System gingen die Herrschenden davon aus, daß die Bürger des Landes zufrieden wären mit dem Maß an Informationen, das ihnen vom ZK zugestanden wurde, und daß sie niemals zweifeln würden an den zugelassenen Informationen, die gleichfalls im ZK formuliert und kommentiert wurden. Andropows Irrtum bestand darin, daß er annahm, das ganze Land bestünde aus Menschen, die sich mit diesem Koordinatensystem zufrieden gäben. Auf sie berechnete der gallige und schwerkranke Generalsekretär seine Propaganda, und die Boeing-Geschichte wurde folgendermaßen serviert: Der amerikanische Aggressor hat die ungeheuerliche Provokation unternommen, ein Flugzeug mit unschuldigen Opfern in den sicheren Tod zu schicken.

Dabei wurde zum Mörder dieser Unschuldigen doch unsere Seite, und sie spielte mit Erfolg die Rolle, die ihr der amerikanische Aggressor zugedacht hatte! Diese Schlußfolgerung drängt sich geradezu auf, aber das kümmerte niemanden. Das ist ja das Bequeme am zweidimensionalen System, man muß sein Gewissen nicht mit einem Mordgeständnis belasten, sich keine Sorgen um irgendwelche menschlichen Werte machen.

Nun zu den «Aggressoren» an zweiter Stelle in der Liste derer, für die der Abschuß der Passagiermaschine vorteilhaft war. Ein Aggressor steht nie allein da, er braucht einen Aggressor, der ihm gegenübersteht. Wohin sollte er sonst mit seiner Aggression, womit sollte er sie nähren, wenn nicht mit Grimm gegen sein Visavis? Je größer der Lärm in den sowjetischen Zeitungen gegen den amerikanischen Aggressor, desto wütender die Gegenpropaganda. Und so ist es kein Wunder, daß das Schimpfen anläßlich des Abschusses auf beiden Seiten gleichzeitig verstummte – es waren glaubhaftere Anlässe für neues Schimpfen aufgetaucht, nachdem sich dieser erschöpft hatte. Mit «Aggressor» sind hier die militärisch-industriellen Komplexe beider Seiten gemeint – für beide war das Geschrei in den Zeitungen vorteilhaft, es war die Begleitmusik zur Stationierung der Raketen in Europa, zur Finanzierung des Afghanistan-Kriegs, zum Star Wars-Programm und zu anderem.

Es muß freilich zugegeben werden, daß Reagan in der damaligen Situation Andropow übertraf, indem er die Sowjetunion das «Reich des Bösen» nannte und uns mit nie gesehenen kosmischen Waffen einschüchterte, damit die UdSSR den Rüstungswettlauf mitmachte und sich so das ökonomische Rückgrat brach. So ist es ja auch gekommen. Unser Land scheiterte an dem gewohnten zweidimensionalen politischen Koordinatensystem, das nur Rot als Farbe gelten ließ und alles andere als Finsternis sah. In diesem System kann der Spieler nicht einen Zug im voraus berechnen, er ist kein Schachspieler, sondern ein Dilettant, der eben erst erfährt, wie die Figuren übers Feld gerückt werden. Für einen solchen Dilettanten (und es ist nicht einer, es sind nicht zwei, sondern viele heute noch aktive Generäle der Sowjetarmee) war der Zwischenfall mit dem koreanischen Flugzeug vorteilhaft, und nicht nur der Zwischenfall selbst, sondern mehr noch die nachfolgende Interpretation in der Presse und im öffentlichen Bewußtsein. Für den Dilettanten war die Lüge von Vorteil, sie tarnte die Inkompetenz und die fehlende Professionalität in der Armee. Im Schutz des Nebels dieser Lüge erschienen neue Sterne auf Schulterklappen, und ihre Besitzer zogen in gediegenere Arbeitsräume.

Je weniger sich dieser oder jener General oder Marschall geneigt zeigte, über die Ereignisse im Zusammenhang mit der Boeing zu sprechen, desto vorteilhafter mochten die beiden abgefeuerten Raketen des Piloten Ossipowitsch für ihn persönlich gewesen sein. Der Abschuß war vorteilhaft für konkrete Menschen und für den ganzen militärisch-industriellen Komplex, denn dieser bekam einen neuen Stimulus zur Aufblähung und zum Verschlingen immer neuer Budgetmittel. Um dieses Vorteils willen wurde die größte und teuerste Seeoperation aller Zeiten durchgeführt, um die Spuren zu verwischen. Das Geheimnis zu wahren bemühten sich gleichermaßen die hohen Armeeränge der Sowjetunion wie die der Amerikaner. Und obwohl diese «Seeschlacht» nachgerade wie ein wirklicher Krieg aussah, verfolgten die Gegner gemeinsame Ziele. Daran hat sich bis heute nichts geändert – warum sonst schweigen die Geheimdienste der UdSSR und der USA immer noch synchron, wo man doch längst das Geheimnis dieses weit zurückliegenden Ereignisses lüften könnte?

Das sind allgemeine Überlegungen. Aber ist es heute möglich, den Ablauf der Ereignisse vor acht Jahren vollständig zu rekonstruieren? Bis zu einem gewissen Grade ja.

Trotzdem werden das nur Versionen sein. Zitieren wir noch eine, die uns in einigen Details überzeugend erscheint, obwohl wir sie wegen der fehlenden dokumentarischen Bestätigung nicht gänzlich akzeptieren können.

Sie stammt von Marineoffizier Kurkow, der im Stab der Suchoperation arbeitete:

«Jetzt, nach Ihrer Untersuchung, kann man mit großer Wahrscheinlichkeit fast alle Fakten und Ereignisse von damals erklären. Wenn mein Standpunkt Sie interessiert, bitte sehr. In der Nacht vom 31. August zum 1. September 1983 kam eine südkoreanische Boeing 747, die sich auf einem Linienflug befand, vorsätzlich vom Kurs ab und drang vorsätzlich in den Luftraum der UdSSR ein. Parallel zu der Boeing, aber im ‹Niemandsland› des Luftraums flog eine RC 135. Über dieser Gegend schwebte ein Aufklärungssatellit der USA [diese Information stammt aus dem Stab der Pazifikflotte]. Der Flug der Boeing über unser Territorium war von der Aufklärung der USA vorbereitet worden. Die Aufgabe sah so aus: Die Boeing zieht sämtliche Mittel der Luftverteidigung auf sich, wenn sie den Luftraum der UdSSR verletzt. Die RC 135 und der Spionagesatellit halten alles fest, bestimmen den Charakter der Arbeiten, präzisieren die Positionen usw. Als Tarnung dienen die Passagiere.

Die Leiter der Operation waren überzeugt, daß die UdSSR ein Passagierflugzeug nicht abschießen würde. Schlimmstenfalls konnte es zur Landung gezwungen werden. Darum gab es an Bord höchstwahrscheinlich keinerlei Ausrüstung für Aufklärungszwecke, und die ‹schwarzen Kästen› waren abgeschaltet, damit, falls die Maschine in der UdSSR landen mußte, keine Beweise für eine Spionagemission vorhanden waren. Der Pilot der Boeing war darüber informiert, er wußte, was er tat. Weiterhin hatte die Aufklärung der USA höchstwahrscheinlich angenommen, daß beim Abfangen der Boeing die sowjetischen Jäger eine visuelle Identifizierung vornehmen, die Passagiermaschine erkennen und sie nicht beschießen würden. Es kam jedoch anders.

Weder während des ersten noch während des zweiten Abfangmanövers (schon über Sachalin) nahmen unsere Jäger eine visuelle Identifizierung vor. Das ist die größte Tragödie bei dem Zwischenfall auf unserer Seite. Damit will ich die Amerikaner nicht in Schutz nehmen – auf ihre Initiative hin waren die Passagiere in die tödliche Gefahr gebracht worden. Daß die visuelle Identifizierung ausblieb, daran ist die Organisation unseres Luftverteidigungssystems schuld und nicht jemand persönlich. Ich kann es nicht mit Sicherheit behaupten, aber ich nehme an, daß die Kommandeure der Luftverteidigung, solange die Boeing über Sachalin flog, zwei Aufgaben hatten: erstens dafür zu sorgen, daß die Abfangjäger die Maschine nicht aus den Augen verloren, und zweitens der Führung zu melden, was vorging, und auf Entscheidung der höheren Vorgesetzten zu warten. Mehr sehen die Instruktionen nicht vor, und ich wiederhole: Der Pilot der SU 15 erhielt nicht den Befehl, die Maschine visuell zu identifizieren. Er wurde nicht einmal gefragt, welchen Flugzeugtyp er sah. Daß eine ausländische Passagiermaschine in ein Abfangmanöver geraten konnte, kam niemandem in den Sinn, alle waren fest überzeugt, auf diesem Kurs könne nur ein militärischer Aufklärer fliegen. Nun, und mit einem militärischen Luftraumverletzer wird kurzer Prozeß gemacht – pro forma Geschoßgarben, Signale mit Blinklichtern, und er mußte Bescheid wissen, er wußte ja, wo er flog; an allem übrigen hatte er sich selbst die Schuld zuzuschreiben. Zudem hingen die RC 135 unserer Luftverteidigung damals schon zum Halse raus. Und kaum war von oben das

Plazet erteilt, bekam der Pilot vom Flughafen den Befehl: ‹Ziel vernichten›, denn bis zum neutralen Luftraum war es nicht mehr weit, und dort durfte man nicht mehr schießen.

Unsere Luftverteidigung war zweifellos schuld, gleichwohl darf man sie nicht zum Sündenbock machen. Schuld waren vor allen Dingen diejenigen, die den Boeing-Piloten dazu gebracht haben, den Kurs zu ändern, und somit die moralische Verantwortung für die möglichen Folgen tragen müssen. Daß die Boeing sich verirrt hatte, konnte nur ein Kind glauben. Nein, sie flog auf dem Kurs, der dem Piloten vorgegeben war, und der Pilot benutzte die Passagiere als Deckungsschutz...

Warum wir den Inhalt der geborgenen ‹schwarzen Kästen› nicht veröffentlicht haben? Ich kann den Bericht des unbekannten Marineoffiziers aus der Verwaltung des Stabs der Pazifikflotte voll und ganz unterschreiben. Er lügt nicht, es stimmt alles. Daß wir hoffnungslos zurückbleiben, ist eine Tatsache, daß die Amerikaner sich dreist verhalten haben, ebenfalls, und es stimmt auch, daß wir viele Apparate von der Boeing geborgen haben. Was den letzten Punkt angeht, den Inhalt der ‹schwarzen Kästen›, so kann ich dazu meine Version darstellen, genauer gesagt, zwei Versionen.

Die erste – sie konnten nicht dechiffriert werden; entweder waren die Kästen an Bord abgeschaltet oder sie wurden überhaupt nicht geborgen, sondern etwas, das ihnen ähnelte. Zur Erläuterung: Sie schreiben, daß die Boeing nur zwei schwarze Kästen an Bord hatte, doch nach unseren Informationen (von 1983) müssen es sieben gewesen sein, und nach Moskau wurden drei geschickt, an Bord einer IL 76. Mit dem Mann, der sie begleitete, habe ich später im Stab der Pazifikflotte gesprochen. Er erzählte mir, kaum

war die IL 76 in Moskau gelandet, stürmten fünf General-
leutnants der Luftstreitkräfte das Flugzeug und stürzten
sich auf die Gummisäcke. Er hielt sie zurück, verlangte
eine vorschriftsmäßige Übergabe mit Urkunde, und sie
schrieben ihm rasch gleich auf den Knien eine Übergabe-
quittung. Dieser Offizier war damals Kapitänleutnant und
diente auf Sachalin, mehr weiß ich nicht über ihn, aber ich
denke mir, er war bei den Minensuchern.

Zweite Version: Die Aufzeichnungen wurden dechiffriert, aber nicht veröffentlicht, und das scheint auch nicht
vorgesehen zu sein, da sie unserer offiziellen Version widersprechen. Einer der Helden Ihrer Zeitungsartikel, ein
Seemann, vermutet, das sei wegen der Amerikaner, der
Text sei nicht zu deren Nutzen, die sowjetische und die
amerikanische Seite hätten eine Übereinkunft getroffen.
Das glaube ich nicht, obwohl ich diese Möglichkeit nicht
ganz ausschließen kann. Ich glaube es nicht, weil die Beziehungen zwischen den beiden Ländern damals gespannt waren, weltweit lief eine lautstarke Kampagne gegen die
UdSSR im Zusammenhang mit dem Zwischenfall. Wenn
man in dem ‹schwarzen Kasten› etwas gegen die Amerikaner gefunden hätte, wäre es vernünftiger gewesen, das an
die Presse zu geben, um die Anwürfe gegen die UdSSR zu
unterbinden. Wahrscheinlich war dort aber nichts gegen
die Amerikaner zu finden, dafür um so mehr gegen die
UdSSR, gegen unsere offizielle Version, soviel Sie wollen.
Die Besatzung der Boeing war faktisch nicht gewarnt worden, wie in der internationalen Praxis üblich, daß jetzt
gleich Waffengewalt angewendet würde. Die Leuchtspurgarben hat sie höchstwahrscheinlich nicht gesehen, und
über Funk hat niemand mit ihr gesprochen. Sie hat nur den
Jäger SU 15 gesehen und in ihren Gesprächen sicherlich
nicht einmal vermutet, daß sie gleich abgeschossen würde,

denn Sätze wie ‹Er warnt uns, ich sehe Leuchtspurgarben, er will uns zur Landung zwingen› oder so kamen in den Gesprächen der Boeing-Besatzung nicht vor, und der Raketenschlag traf sie völlig unerwartet. Wären damals die Gesprächsaufzeichnungen der Besatzung veröffentlicht worden, hätte alle Welt gewußt: Die Luftverteidigung der UdSSR hat ohne jede Warnung ein friedliches Passagierflugzeug abgeschossen, das sich verirrt hatte. Es ist klar, daß die Regierung eine solche Information nicht an die Presse geben konnte.

Die Amerikaner wiederum haben die Pressekampagne eingestellt, weil der Flug der Boeing als Aufklärungsaktion geplant war und die Presse schon Anspielungen darauf veröffentlichte (ich glaube, es war sogar die japanische Presse). Die Korrespondenten der ausländischen Zeitungen konnten das durchaus ausgraben, wenn die Kampagne weiterging. Zweitens haben die Amerikaner und wir einander mißtraut, und wenn wir die ‹schwarzen Kästen› geborgen hätten, mußten sie eine Manipulation der Aufzeichnungen von unserer Seite befürchten. Sie wurden einfach still und warteten unsere Reaktion ab.

Kurz und gut, für die Regierung der USA war es in jedem Falle unvorteilhaft, den Abschuß der Boeing aufzubauschen. Für uns auch, denn hätten wir die vollständige Aufzeichnung der Gespräche der Jägerpiloten mit den Bodenstellen veröffentlicht, so hätte man daraus wie aus dem ‹schwarzen Kasten› die eindeutige Schlußfolgerung ziehen können: Die offizielle Version des Verteidigungsministeriums der UdSSR ist gelogen. Erstens hat der Pilot der SU 15 durchgegeben, daß der Luftraumverletzer mit Positions- und Blinklichtern flog, zweitens hat er nicht den Befehl bekommen, das Ziel visuell zu identifizieren und die Boeing-Besatzung auf der Notruffrequenz 121,5 Megahertz zu warnen (das Verteidigungsministerium der UdSSR erklärte offiziell, dies sei geschehen). Meiner Meinung nach war es 1983 wie auch jetzt für die Amerikaner und für uns unvorteilhaft, den Boeing-Abschuß aufzubauschen, da am Tod der Passagiere praktisch beide Seiten schuld sind.»

Kurkows Version hört sich folgerichtig an, obwohl wir keine Beweise für den wichtigsten Punkt seiner Überlegungen haben, nämlich daß das Flugzeug den Luftraum der UdSSR zu Aufklärungszwecken verletzt hat. Wir können das weder kategorisch behaupten noch in Abrede stellen. Aber es gibt Dinge, die wir für unbestreitbar halten.

Was die «schwarzen Kästen» auch für Informationen enthielten, sie konnten weder damals noch heute veröffentlicht werden. Wir wissen heute genau: Praktisch stimmt keine einzige Behauptung in der offiziellen Version der Ereignisse, mit der die sowjetische Presse und die oberste Militärführung in der Person von Marschall Ogarkow auftrat, mit der Wirklichkeit überein. Es gab keinen Versuch, Funkverbindung aufzunehmen, es gab keine Warnschüsse (nur Zielschüsse!), es gab keine Identifizierung des Flugzeugs usw. Kurkow hat recht – in jedem Fall wäre die Lüge des Verteidigungsministeriums herausgekommen, wenn wir den Inhalt der Gespräche aus den «schwarzen Kästen» veröffentlicht hätten.

An dieser Stelle ist es schwierig, sich einer weiteren Mutmaßung zu enthalten. Sie gründet sich nicht so sehr auf Fakten wie auf Psychologie. Die Marschälle und Generäle Ogarkow, Achromejew, Tretjak und andere wollten uns keine ausführlichen Erklärungen geben, dennoch zeigten sie sich in den Gesprächen mit uns überzeugt von der Richtigkeit ihrer Position. Sie benahmen sich wie Menschen, die etwas wissen, was ihren Hochmut und ihre Geringschätzung gegenüber den Versuchen von Journalisten, die Wahrheit aufzudecken, rechtfertigt. Besitzen sie wirklich eine Information, die wie das letzte Stückchen in einem Puzzle das Bild der Ereignisse abrunden könnte? Sehr wahrscheinlich! Aber sie dürfen dieses Wissen, dieses «x», ohne das wir nicht den Schlußpunkt unter die Untersuchung setzen können, nicht benutzen, selbst wenn es in gewissem Grade ihren verbrecherischen Fehler rechtfertigt.

Und hier wird klar: Der Vorteil, von dem eingangs die Rede war, hat sich als sehr relativ erwiesen. Er hat nur kurze Zeit gewirkt und sich nur in dem gewohnten, gewaltsam beschnittenen Koordinatensystem gezeigt. Hier liegt der Hauptfehler von Andropow und dem Regime, das er in höchstem Maße verkörperte, der Fehler seiner treuen Generäle und Helfer. Ihr Vorteil wird zur totalen Niederlage, sobald wir aus dem engen Raum der Aktualität hinausgehen auf das Feld der Geschichte, sobald an die Stelle jämmerlicher Maximen wie «Töte den Feind, ohne nachzudenken» menschliche Werte treten.

Die Position der rohen Gewalt, die sich auf Lügen stützt, treibt vor allem diejenigen in die Enge, die diese Lügen verbreiten – sie können nie wieder die Wahrheit benutzen, selbst wenn die sie rechtfertigen kann. Erstens macht die Wahrheit deutlich, daß sie gewissenlos gelogen haben, und zweitens wird ihnen nie wieder jemand glauben. Deshalb haben unsere Generäle keinen Ausweg als zu schweigen (wir räumen ein, daß aus dem gleichen Grund auch die Generäle der anderen interessierten Länder schweigen). Und solange sie aktive Generäle sind (oder sich, wie Achromejew, das Leben nehmen), bleibt für uns ein Teil der Wahrheit unbekannt.

Immerhin haben wir das Fundament, auf dem das Geheimnis jahrelang ruhte, untergraben können. Damit meinen wir die Angst – sie ist in den Hintergrund getreten. Also werden wir mit der Zeit alles erfahren, denn jedes Geheimnis ist sterblich. Es wird endgültig zugrundegehen, wenn die Angst ganz verschwunden sein wird und wir die letzten, noch schweigenden Zeugen hören können.

Die Untersuchung geht weiter

In diesem letzten Kapitel muß ich auf meine Mitautorin, meine Frau, verzichten, denn es handelt sich um ein Männergespräch. Unter den vielen Fragen, die mir Kollegen aus Japan, Südkorea, den USA und anderen Ländern gestellt haben, kehrte eine immer wieder: Warum ich mich eigentlich mit der Geschichte der Boeing befasse. Meine Gesprächspartner wollten von mir politische Überlegungen hören. Aber ich mußte sie enttäuschen. Die Antwort lautet, daß ich seit langem unheilbar krank bin. Meine Krankheit ist die leidenschaftliche Liebe zum Fernen Osten, den ich unter allen Umständen zweimal im Jahr besuche, um zu fischen und zu jagen.

Für mich sind Kamtschatka, Sachalin, Primorje nicht nur wunderschöne Gegenden, wo ich fern des hektischen Moskauer Redaktionsalltags eine Woche mit Angel und Flinte verbringen kann – ich habe dort auch viele Freunde. Und wie sehr ich mich auch bemühe, im Urlaub alle Sorgen und Nöte von mir fernzuhalten, ihre Probleme werden meine, und nicht einmal an den wilden Ufern der Taigaflüsse kann ich meinen Beruf ganz vergessen.

So flog ich auch ein Jahr nach der Boeing-Tragödie, die in unserer Presse schon vergessen war, nach Sachalin. Für einen Journalisten, noch dazu für einen Reporter der Nachrichtenredaktion, war die Verlockung, das Geheimnis der abgeschossenen koreanischen Maschine aufzuspüren, ein Traum. Damals war er unerfüllbar. Damals wurde die Entscheidung, ob ein Journalist über ein irgendwie ernsthaftes Thema schreiben darf, nicht von ihm selbst getroffen, son-

dern in dem Gebäude am Alten Platz, der Residenz des ZK.
Und es lag natürlich nicht in meinen Kräften, diese Ordnung zu ändern.

Gleichwohl tat die professionelle Neugier ihre Wirkung.
Als ich in der Gegend der tragischen Ereignisse war, mußte
ich wenigstens versuchen, sie zu stillen. Damals traf ich
mich mit einem Mitarbeiter der dortigen KGB-Behörde,
und er zeigte mir einen Packen Fotos, auf denen verschiedene Gegenstände festgehalten waren. Vor allem Kleidungsstücke.

«Die sind von der Boeing», sagte er. «Der ganze Rummel
um die Suche nach dem Koreaner hat erst kürzlich aufgehört. Diese Sachdokumente mußten vernichtet werden.
Natürlich nicht alle. Ich habe weder Leichen noch Apparate
gesehen. Damit haben sich auf Sachalin andere Dienste beschäftigt. Bloß was wir mit den Klamotten machen sollten,
mußten meine Kollegen und ich entscheiden.»

«Und?» fragte ich schüchtern.

«Wir haben alles vernichtet, was wir nicht abgeliefert
hatten.»

«Was war denn da?»

«Du siehst ja, Kleidungsstücke. Auch Geld... Na, alles
mögliche Zeug, was Passagiere auf einem internationalen
Flug so bei sich haben.»

Mehr konnte er mir damals nicht sagen. Aber das war
immerhin schon etwas.

Die Fotos konnte ich 1984 nicht mitnehmen. Erst durch
die Recherchen der *Iswestija* tauchten die Fotos in Mappen
mit der Aufschrift «Boeing» wieder auf.

Als ich von Sachalin wieder abfuhr, war ich fest entschlossen, der Wahrheit auf den Grund zu gehen.

Es gab noch mehr Begegnungen auf der Insel – in Newelsk, in Cholmsk, es gab Gespräche mit Angehörigen der

Kriegsmarine, und es gab erste Aussagen von Teilnehmern der Ereignisse, direkte und indirekte.

Es gab auch eine Abschiedsfeier, als ich zurück aufs Festland flog. Der Tisch für mich wurde auf der Motorhaube eines schwarzen Wolga auf einer Rollbahn des «geheimen» Flughafens Sokol gedeckt. Ringsum standen die Abfangjäger SU 15, und hundert Meter von unserem Festschmaus entfernt spielte sich die jedem Fluggast der Aeroflot schmerzlich bekannte Prozedur des Einsteigens in die TU 154 ab. Die Passagierflugzeuge standen neben den Militärmaschinen, und alles wirkte so still und ruhig, als hätte es den nächtlichen Flug von Gennadi Ossipowitsch, der von hier aus gestartet war, den internationalen Skandal und die 269 vernichteten Leben nicht gegeben.

Von nun an mußte ich mich mit dieser Angelegenheit beschäftigen. Mein berufliches Interesse, etwas auszugraben, was andere nicht finden konnten, fiel mit meinem Interesse als Staatsbürger zusammen: Unschuldige sind gestorben, dafür soll niemand verantwortlich sein?

Die Zeit verging, und das Thema der vernichteten Boeing tauchte von Zeit zu Zeit in der Westpresse auf: Fachleute ergingen sich in Vermutungen, ob das verschwundene Flugzeug gefunden worden sei oder nicht.

Wieder wurde an unsere Seite die Forderung gerichtet, das gefundene Material der Öffentlichkeit zu übergeben. Aber die Sowjetunion wahrte weiterhin Schweigen.

Es dauerte über sieben Jahre, bis die *Iswestija* die damals auf Sachalin begonnene Untersuchung veröffentlichen konnte.

Uns (wieder zu zweit) bleibt nur, hinzuzufügen, daß die nächste Etappe der Untersuchung auf dem Grund des Japanischen Meeres stattfinden wird. Zur Zeit wird eine Expedition ausgerüstet. Mit uns werden die Kapitäne Girs und Bass den Schauplatz des Flugzeugunglücks besuchen, mit ihrem Tauchgerät und der Besatzung, die 1983 an den Sucharbeiten teilgenommen hatten.

Im Oktober 1991 wird das von der *Iswestija* gecharterte Schiff sich auf See mit einem südkoreanischen Schiff treffen, auf dem Familienmitglieder der Passagiere zu der Unglücksstätte fahren. Wir werden ihnen den schmerzlichen Verlust nicht erleichtern können. Aber sie sollen wissen, daß es im Sowjetland für ihren Verlust Mitgefühl und für die Tat Reue gibt.

Unsere Untersuchung geht weiter, bis wir sagen können: Wir wissen alles!

Moskau – Murmansk – Region Krasnodar – Sewastopol – Sachalin – Kamtschatka – Chabarowsk – Tallinn – Minsk – New York – Washington.

Januar–Mai 1991.

Zu den Autoren

Andrej Illesch, Jahrgang 1949, ist leitender Redakteur bei der
größten sowjetischen Tageszeitung *Iswestija* und wegen seiner
Reportagen, vor allem über Umweltkatastrophen und über die
Kriminalität in der UdSSR, ebenso bekannt wie gefürchtet. Bei
Rowohlt · Berlin erschien im Frühjahr 1991 sein Buch «Die ro-
ten Paten. Organisiertes Verbrechen in der Sowjetunion».
Seine Frau Jelena Illesch, geboren 1951, arbeitet als freie Jour-
nalistin und Autorin.

Bildquellen

Associated Press: S. 51; dpa: S. 30, 41, 177, 204, 231, 233; Andrej und Jelena Illesch/Rowohlt: S. 15, 27, 35, 49, 60, 93, 100, 109, 112, 118, 119, 127, 139, 141, 147, 148, 151, 154, 158, 159, 174, 201, 224, 229, 255; Spiegel-Verlag: S. 8f (40/1984), 31 (37/1983), 82 (41/1984).

F. C. Delius

«**Friedrich Christian Delius** kommt aus einer aufklärerischen Tradition, die von Heine bis Brecht reicht. Ironie, Satire, kritische Reflexion sind seine Mittel.» Der Spiegel
Geboren in Rom, aufgewachsen in Hessen, hat F.C.Delius in den sechziger Jahren als Lyriker begonnen. Seine Gedichte waren kritische Lesarten der Wirklichkeit, «Para-Phrasen» einer Sprache der Herrschenden. Weithin bekannt wurde er mit seiner Anti-Festschrift «Unsere Siemenswelt».

Friedrich Christian
D e l i u s
Mogadischu
Fensterplatz
R o m a n

rororo

Adenauerplatz *Roman*
(rororo 5837 und als gebundene Ausgabe)
Der Deutsch-Chilene Felipe Gerlach lebt als politischer Flüchtling in der Bundesrepublik und arbeitet dort rund um den Adenauerplatz als Nachtwächter – ein vielschichtiger Großstadtroman und ein Plädoyer für politische Moral.

Ein Held der inneren Sicherheit
Roman
(rororo 5469)
Roland Diehl, Ghostwriter und Nachwuchs-Ideologe im Verband der Menschenführer, erlebt eine totale Verunsicherung, als sein Chef entführt wird. «Ein Modell Deutschland von eindrucksvoller neurotischer Unwirtlichkeit.» Der Spiegel

Kerbholz *Gedichte*
(rororo 5073)
«Unbekümmert Klassik aufnehmend, persiflierend, verändernd, Persönliches, Literarisches, Politisches zur Diskussion stellend, bestäti-

gen die Gedichte einmal mehr die Begabung des Autors.» Frankfurter Allgemeine Zeitung

Mogadischu Fensterplatz *Roman*
(rororo 12679 und als gebundene Ausgabe)
Ein Roman über die Entführung und Befreiung der Lufthansa-Maschine «Landshut», geschrieben aus der Perspektive einer Frau, die Opfer des Terrorismus wurde. «... ein Roman, der zumindest indirekt immer wieder an Heinrich Mann denken läßt.» Süddeutsche Zeitung

Konservativ in 30 Tagen *Ein Hand- und Wörterbuch Frankfurter Allgemeinplätze*
(rororo sachbuch 8895)

Im Rowohlt Verlag sind außerdem erschienen:

Die Birnen von Ribbeck
Erzählung
72 Seiten. Pappband.

Japanische Rolltreppen *Tanka-Gedichte*
72 Seiten. Pappband.

rororo Literatur

Václav Havel

«Mit **Václav Havel** ehren Sie einen unbequemen Intellektuellen, der weiß, daß er stört, und nicht daran denkt, davon zu lassen. Sie ehren einen Schriftsteller, der weiß, daß die Arbeit an den Worten absolut notwendig ist — eine Arbeit, die sich keiner in diesem Jahrhundert ersparen kann, in dem jedes Wort zum Slogan werden kann, in dem der Aufschrei des Herzens so vielen Manipulationen unterworfen werden kann und in dem gute Absichten zur allerschönsten Verpackung schlechter Taten dienten.» André Glucksmann in seiner Laudatio auf Václav Havel anläßlich der Verleihung des Friedenspreises des Deutschen Buchhandels 1989

Das Gartenfest. Die Benachrichtigung *Zwei Dramen. Essays. Antikoden*
(rororo 12736)

Die Gauneroper. Das Berghotel. Erschwerte Möglichkeit der Konzentration. Der Fehler *Theaterstücke*
(rororo 12880)
«Ich frage bei jeder Gelegenheit Havels politische Bewunderer: Kennen Sie seine Stücke? Seine Stücke geben dem Politiker Havel Dimensionen, ohne die man ihn nicht verstehen kann.»
Milan Kundera

Largo Desolato *Schauspiel*
Mit einem Vorwort von Siegfried Lenz
(rororo 5666)

Vaněk-Trilogie: Audienz. Vernissage. Protest – Versuchung. Sanierung *Theaterstücke*
(rororo 12737)

Václav Havel

Essay

Versuch, in der Wahrheit zu leben

rororo

Fernverhör *Ein Gespräch*
(rororo 12859)

Am Anfang war das Wort *Texte von 1969 bis 1990*
(rororo aktuell essay 12838)

Briefe an Olga *Betrachtungen aus dem Gefängnis*
(rororo aktuell essay 12732)

Angst vor der Freiheit *Essay*
(rororo essay 13018)

Versuch, in der Wahrheit zu leben *Essay*
(rororo aktuell essay 12622)

Im Verlag Rowohlt · Berlin ist erschienen:

Eda Kriseová
Václav Havel. Dichter und Präsident
Die autorisierte Biografie
Deutsch von E. Thiele, G. Heißig und M. Pasetti
288 Seiten mit Abbildungen. Gebunden.

rororo Literatur